Bettina Büx

Die REGULUS-Botschaften

Bettina Büx

Die REGULUS Botschaften

Band I

EchnAtonVerlag

Wichtiger Hinweis

Die im Buch veröffentlichten Empfehlungen wurden vom Verfasser und vom Verlag sorgfältig erarbeitet und geprüft. Eine Garantie kann dennoch nicht übernommen werden. Ebenso ist die Haftung des Verfassers bzw. des Verlages und seiner Beauftragten für Personen-, Sach- und Vermögensschäden ausgeschlossen.

Bei möglichen unterschiedlichen Schreibweisen wurde die von der Duden-Redaktion empfohlene Schreibvariante verwendet.

1. Auflage April 2017

Gesamtherstellung: Diana Schulz
Coverfoto: dreamstime©Vitaliy Smolygin
Lektorat: Angelika Funk
Druck und Bindung: CPI books GmbH, Leck
ISBN: 978-3-937883-91-5

www.echnaton-verlag.de

In ganz besonderer und tiefer Liebe und Dankbarkeit widme ich dieses Buch Herrn Raul Niemann (†), der zu keinem Zeitpunkt den klaren und ungetrübten Blick für das Wesentliche verlor. Ohne ihn würde es das hier vorliegende Werk in dieser Form nicht geben.

Liebe ist ...

... Gott und Gott ist Liebe. Liebe ist gänzlich offenbar und dennoch gänzlich Geheimnis.

Liebe ist der Stoff, aus dem alles gemacht ist, was jemals nach ihr fragen kann und dennoch das größtmögliche aller Mysterien. Sie genügt sich selbst vollkommen und ist dennoch in ewiger Ausdehnung begriffen.

Liebe ist nicht teilbar. Sie gibt sich ganz und gar hinweg und bleibt dennoch ganz und gar bei sich selbst.

Liebe ist wahrhaft wunderbar, denn sie ist selbst das Wunder. Sie ist die unendliche Faszination des Göttlichen vor sich selbst. Sie ist der Kniefall des Schöpfers vor seinem eigenen Spiegelbild. Sie ist die ewige und einzige Antwort Gottes auf seine Frage nach sich selbst. Sie ist die Wahrnehmung von Vollkommenheit.

Liebe ist die heilige Selbstwahrnehmung Gottes.

Regulus

Inhalt

Vorwort

»Wer spricht denn eigentlich hier?«

Liebe Leserin, lieber Leser,
dieses Buch, das Sie in Händen halten, darf wohl mit Fug und Recht von sich behaupten, einer höheren Quelle als meines bewussten, rationalen Verstandes zu entstammen, und wenn ich auch die Verfasserin bin, so bin ich dennoch nicht der geistige Urheber dieser Seiten.

Seit der Niederschrift der ersten Kapitel von *Des Menschen Wunsch und Gottes Wille* wurde ich oft zur Identität ›meiner‹ Autoren befragt, die mit ihren einfühlsamen, verständnisvollen Worten der Liebe und der Weisheit unseren Weg in Richtung Dimensionensprung begleiten. Auch jetzt bin ich selbst immer noch und immer wieder von der Tragweite der geduldigen und liebevollen Worte überrascht, die in sehr warmherziger Weise übermittelt werden. Ich bin dankbar für die wohltuende Klarheit der Aussagen, die niemals den Blick vom Wesentlichen abwenden und eindeutige Orientierungshilfe bieten.

Wie Sie sich selbst überzeugen werden, spricht die Botschaft der Übermittlungen für sich selbst und damit auch für die erhabene Qualität ihrer Quelle, denn der einzige Punkt, in dem die Aussagen von unbestechlicher Kompromisslosigkeit sind, ist die immer wiederkehrende eindringliche Aufforderung zur Liebe. Obwohl der ›Autor‹ in dieser Hinsicht absolut ›unnachgiebig‹ ist, übermittelt er seine Einsichten mit ausgesprochen warmer Herzlichkeit. Weil

Sie, liebe Leser, die emotionale Schwingung der Mitteilungen nicht unbedingt ›originalgetreu‹ nachempfinden können, merke ich im Verlauf der Aufzeichnungen ausdrücklich an, wenn eine Übermittlung augenzwinkernd gemeint ist. Die Quelle dieser Worte hat deutlich zum Ausdruck gebracht, dass alle formalen Mittel zu nutzen sind, die der Betonung und Unterstützung der Botschaft dienen. Dem Folge leistend wird, entgegen der Rechtschreibreform, auf die Großschreibung der direkten Anrede zurückgegriffen. Da dies ebenso der Fall ist bei allen Anreden, die sich unmittelbar auf Gott beziehen, wird der Mensch sprachlich-formal bewusst auf ein und dieselbe Ebene mit dem Göttlichen erhoben. Alles andere würde der Kernbotschaft der Mitteilungen widersprechen. Was nun die Identität angeht, so lasse ich ›sie‹ im Folgenden am besten selbst zu Wort kommen:

»Da unser Sein im Bewusstsein des All-Einen ist, würdet ihr Menschen unsere Namen nicht als Namen erkennen. Ihr würdet nicht wahrnehmen können, dass sie bei völligem Gewahrsein der Einheit dennoch Individualität kennzeichnen, denn dies scheint aus Eurer dualen Sichtposition heraus ein unüberwindlicher Widerspruch.

Namen trennen uns genauso wenig von der Urquelle allen Seins, wie Namenlosigkeit uns identitätslos macht. Somit sind Namensgebung und Namenlosigkeit für uns gleich-gültig, denn wir sind, was wir sind. Eure Frage nach Namen ist Eurer Sichtposition entsprechend angemessen und nachvollziehbar und wir werden ihr Folge leisten, jedoch nicht, ohne ausdrücklich zu betonen, dass wir, wenn wir Euch Namen nennen, immer nur das bieten können, was Ihr als Pseudonym bezeichnen würdet.

Ihr Menschen bezeichnet uns als geistige Führer, Lehrer, Wegbegleiter, außerhalb des aktiven Inkarnationszyklus stehend und Euch dennoch seit Äonen zutiefst verbunden. Wir sind hier mit der ausdrücklichen Intention, gezielt unter jenen Einfluss nehmend zu wirken, die sowohl das Potenzial als auch den Willen für den Umstieg in die neue Schwingungsqualität mitgebracht haben. Wir sind hier, das in Bewegung zu setzen, was bewegt sein will.

Wir sind die Gruppe um Regulus.«

(Anm. der Verfasserin:
Regulus: lat.: ›kleiner König‹.
Regulus: hellster Stern im Sternbild des Löwen.
Regulus: zool.: das ›Goldhähnchen‹; kleinster Singvogel Europas.)

Einleitung

»Sagen Sie, hier ist so viel los,
gibt's hier was umsonst?«

Kein Mensch geht auf Erden, der sich nicht die Frage nach der Sinnhaftigkeit des Lebens gestellt hätte. So jemand dies tatsächlich nicht getan hat, wird ihn sein Leben mit Sicherheit irgendwann in eine Situation bringen, die ihn geradezu dazu zwingt, es zu tun, er selbst wird sich dazu ›zwingen‹. Kein Lebewesen, das über ein Bewusstsein seiner selbst verfügt, kommt um diese Frage umhin – und keines würde es wollen.

Die Frage nach dem Sinn des Lebens ist so alt wie die Menschheit selbst, denn sie zu stellen wurde ihr das Bewusstsein gegeben, es zu können. Die Frage der Sinnhaftigkeit ist letztlich deshalb so unwiderstehlich, weil sie die Frage nach der Identität impliziert. Niemand kann jemals für sich klären, warum er lebt, ohne zu wissen, wer und was er ist, denn die Sinnhaftigkeit dessen, was jemand tut, definiert sich zwingend durch seine Identität.

In dieser Zeit bevölkern mehr Menschen die Erde als jemals zuvor. Wenn wir voraussetzen, dass Sie dies nicht als bloßen Zufall werten, stellt sich die Frage, wieso dem so ist. In diesen besonderen Zeiten des allgemeinen geistigen Umbruchs scheinen mehr Menschen als je zuvor ein Interesse daran zu haben, hier zu sein, von all den unsichtbaren geistigen Wesenheiten, die die Erde besuchen, ganz zu schweigen. Nun, offenbar gibt es hier tatsächlich etwas umsonst. Die Analyse der Frage, worum es sich dabei handeln könnte, ist Sinn und Zweck dieser Aufzeichnungen, um sie schließlich mit den besonderen Möglichkeiten und gewaltigen Chancen zur Selbsterkenntnis, die das irdische Leben bietet, zu beantworten.

Diese Worte sind lediglich eine liebevolle Einladung an Sie. Es sei ganz Ihnen überlassen, sie anzunehmen oder abzulehnen, denn Wahrheit ist für einen Menschen immer das, was er dafür halten will. Und das ist gut so.

Bettina Büx

1. Ein-Sicht

Die Frage nach der Frage

Dem winkt der Erfolg,
wer der rechten Fährte folgt

Mein lieber Freund, meine liebe Freundin, dies ist ein Buch über Dich. Es ist ein Buch nur über Dich, ausschließlich, auch wenn es Dir nicht so scheinen mag. Aber Du weißt, dass der Schein trügt. Wüsstest Du es nicht, würdest Du dieses Buch nicht in Händen halten. Nur um Dich geht es hier und das ist gut so, denn Du selbst bist das Wichtigste, das es in Deinem Leben geben kann. Du solltest es sein wollen. Wenn dem nicht so ist, dann bist Du bei Deiner Lektüre noch nicht einmal bei Zeile zehn und bist Dir schon selbst auf der Spur. Du bist soeben auf die Ursache all Deiner Probleme gestoßen.

Mir bist Du sehr wohl das Wichtigste auf der Welt, deshalb erschaffst *Du*, mit meiner Unterstützung, dieses Buch über Dich. Du bist mir das Wichtigste, weil Ich mir selbst das Wichtigste bin. Sieh, Du und Ich, wir sind eins und deshalb kannst auch Du mir nur das Wichtigste sein. Ich bin Du und Du bist Ich. Der einzige Unterschied zwischen Dir und mir, zwischen uns beiden, ist der, dass Ich das weiß. Aus diesem Grunde ist es völlig offensichtlich, dass Du selbst es bist, der sich mit diesen Zeilen ein Geschenk anbietet.

Zweifelst Du daran? Wie kannst Du daran zweifeln wollen, so Du es doch in Händen hältst und Deine physischen Augen über die Zeilen huschen, suchend nach Dir selbst? Diese Worte, die Du Dir selbst anbietest, der höchsten Quelle, dem Größten in *Dir* entstammend, sind wahrlich ein Geschenk. Du hast es Dir erschaffen, jetzt, in diesem heiligen Augenblick, erschaffst Du diese Zeilen. Und so legt schon allein die Tatsache, dass Du Dir selbst dieses Geschenk bringst, Zeugnis ab, Zeugnis Deiner unermesslichen Größe und Deiner wahren Identität. Sie mag noch vor Dir selbst verborgen scheinen, doch bist Du im Begriff, zur

Erkenntnis dessen, wer und was Du wirklich bist, erwachen zu wollen. Wenn dem nicht so wäre, hättest Du das Geschenk der Offenbarung dankend abgelehnt, wie Du es so oft getan hast. Es ist Deine bewusste Absicht, es dieses Mal anzunehmen, die diesen Augenblick wahrhaft heiligt. *Du* heiligst ihn, weil Du Dich selbst heiligst.

Meine liebe Freundin, mein lieber Freund, gewiss hast Du viele Bücher gelesen, die Dir die Sinnhaftigkeit Deines irdischen Lebensausdrucks offenbaren. Du suchst nach Antworten auf all Deine Fragen, nach Lösungen für Deine Probleme. Und davon hast Du viele, so will es Dir zumindest scheinen. Da Du jedoch fühlst, dass der Schein oftmals trügt, wird es Dich vielleicht nicht wundern, wenn Ich Dir sage, dass Du im Grunde nur ein einziges Problem hast.

Ein einziges Problem, in verschiedene Gewänder gekleidet, kann Dir vorgaukeln, dass es deren viele sind, doch vermag das nichts an der Wirklichkeit zu ändern. Noch hast Du Deine Antworten und Lösungen nicht in zufriedenstellender Weise gefunden, doch diese Zeilen, die Du in Händen hältst, legen Zeugnis davon ab, dass Du fragst und Dir selbst gleichermaßen antwortest. Nur da und dort, wo die Frage ist, kann auch die Antwort sein, denn nie kann eine Energie von ihrer Quelle getrennt sein und nie kann eine Frage ohne Antwort existieren. Die Antwort liegt allzeit *in* der Frage, so wie die Lösung *im* Problem liegt und nur hier gefunden werden kann. Die Frage beantwortet sich selbst und das Problem löst sich selbst. Beide sind eins, das Potenzial der Frage *ist* auch ihr Antwortpotenzial, das Potenzial des Problems *ist* auch sein Lösungspotenzial.

Nun, mein lieber Freund, meine liebe Freundin, Du hast des Rätsels Lösung offenbar am falschen ›Ort‹ gesucht.

Kein Buch der Welt kann Dir wirklich Lösungen für Deine Probleme bieten, wie könnte es auch, es ist nur Papier und Druckerschwärze. Dennoch ist es sehr viel mehr, denn in Buchgestalt kannst Du Dir selbst begegnen und Dir sagen, wo Du suchen musst, um Deiner Antworten und Problemlösungen gewahr zu werden.

Diese Deine Zeilen hast Du zu Dir gerufen, in Deine physische Ausdrucksform hinein, um Dir zu geben, wonach Dein Herz verlangt. Es hat gerufen und es ist niemals möglich, dass Du vergeblich bittest. Nichts Geringeres als das Höchste in Dir, das, was sich selbst erkennen will, hat Deine Fürsprache für Dich erbeten.

Nie bist Du allein in Deiner Not.

Bevor Du Dir die Fragen, die Du stellst, beantworten kannst, solltest Du Dich einigen Fragen öffnen, die Du Dir bisher nicht gestellt hast, zumindest hast Du dies nicht in Zusammenhang mit Deinen Problemen getan.

Nun, dies beweist sich einfach aufgrund der Tatsache, dass Du Probleme hast. Siehst Du, es ist notwendig diese grundlegenden Dinge klarzustellen, denn Deine Nöte gründen zum maßgeblichen Teil auf der Tatsache, dass Du Dir diese Fragen nicht stellst. Es geht um Dich, um Deine Identität, es geht darum, wer und was Du bist. Du magst glauben, es gebe in Bezug auf Dich selbst keine Geheimnisse, keine offenen Fragen und nichts mehr zu entdecken.

Ihr lieben bekümmerten Menschen, all Eure Schwierigkeiten, individuell wie kollektiv, entspringen der Tatsache, dass Ihr nicht wisst, was Ihr tut. Wahrlich, Ihr wisst es nicht.

Ihr könnt nicht wissen, was Ihr tut, weil Ihr nicht wisst, was und wer Ihr seid. Die Einsicht des einen ist ohne die Einsicht des anderen nicht möglich. Sie bedingen sich gegenseitig, da Ihr das *tut*, was Ihr *seid*. Tun ist sich in Handlung selbsterkennendes, selbsterschaffendes Sein. Handlung ist bewegtes Sein, Energie in Bewegung.

> *Du bist, was Du tust – Du tust, was Du bist:*
> *Deine Handlungen entsprechen dem, was Du zu*
> *sein glaubst.*

Einzig das Erkennen Deiner wahren Natur, das Gewahrwerden Deiner wirklichen Identität, kann Dir bei Deiner Problemlösung weiterhelfen.

Dieses Erkennen *ist* Deine Problemlösung: vollkommen, allumfassend. Das Gewahrwerden Deines wirklichen Selbst enttarnt all Deine Kümmernisse und Nöte als das, was sie wirklich sind: Illusionen. Sie sind Irrtümer in Bezug auf Dich selbst, Fehlwahrnehmungen. Nun, meine Lieben, wenn das keine Problemlösung ist! Kann es eine vollständigere Problembewältigung geben als die Erkenntnis, dass es keines ist? Wo ist das Problem, wenn Du *erkennst*, dass Du Dich einfach nur geirrt hast? Ist ein Problem kein Problem mehr, dann *ist* es gelöst! Vollkommen.

Für Dich, der Du diese Zeilen in Händen hältst, sind Deine Kümmernisse und Ängste jedoch sehr real, begründet und berechtigt. Nun, das sind sie in gewisser Weise tatsächlich und damit Du Mittel und Wege für eine Wendung zum Besseren erforschen kannst, solltest Du Dir im Klaren darüber sein, wer Du bist.

In diesem *Gewahrwerden*, diesem Erkennen, liegt die Lösung. Das Gewahrsein bedingt nicht die Lösung, es *ist* die Lösung. Solange Du diesbezüglich keine Klarheit hast, kannst Du unmöglich erkennen, warum Deine Probleme überhaupt Probleme sind. Willst Du effektive Problemlösung betreiben, dann ist es also völlig logisch, Du stellst erst einmal fest, mit wem Du es eigentlich zu tun hast.

Sieh in den Spiegel und blicke auf Dein Menschsein,
dann schließe die Augen und blicke auf Dich selbst.

Erst dann, wenn Du ›nichts‹ siehst, siehst Du alles. Wenn Du ›nichts‹ siehst, siehst Du Dich selbst, denn sowie Du ›etwas‹ siehst, begrenzt Du Dein Gewahrsein Deiner selbst auf das, was Du siehst. Wo Du Begrenzung wahrnimmst, siehst Du nur Bruchstücke und wo nur Bruchstücke sind, kannst unmöglich ›Du‹ sein.

Stell Dir vor, Wesen aus einer weit entfernten Galaxie im Universum besuchen erstmals die Erde. Wenn sie Dich fragen, wer oder was Du bist, wie erklärst Du Dich ihnen? Als wer und was definierst Du Dich? Wie *siehst* Du Dich selbst? Wie würde Deine erste Aussage über Dich lauten? Da man bei ihnen als Erdenneulinge offenbar bei null anfangen muss, wirst Du ihnen mit großer Wahrscheinlichkeit erst einmal sagen, dass Du ein Mensch bist. Dessen bist Du Dir sicher und kein Mensch auf Erden, der seine Sinne noch beisammen hat, würde dies ernsthaft infrage stellen wollen.

Nun, ein irdisches Menschenleben ist kurz und wenn Du Deinen biologischen Lebensausdruck umwandelst, bist Du schon etwas anderes. Sowie Du Deinem physischen Körper entsteigst, ist das Hauptkriterium Deiner Menschlichkeit hinfällig. Hier hast Du also eine erste Deiner Eigenschaften: Du bist ein Wesen, das zeitweise in einem und durch einen biologischen Körper agiert und sich so in einer materiellen Welt zum Ausdruck bringt.

Dieser Selbstausdruck ist jedoch nicht zwingend abhängig von ihrer physikalischen Form. Du könntest jetzt dagegenhalten, dass wir hier kühn als Tatsache postulieren, was nicht zweifelsfrei erwiesen ist. Dann höre jetzt, was Du Dir selbst sagst: *Du* bist der zweifelsfreie Beweis.

Die Antwort liegt in der Frage. Wie die Frage selbst, so ist auch die Antwort Teil des Fragenden. Du könntest Dir unmöglich die Frage nach einem unbegrenzten Leben stellen, wenn dem nicht so wäre, denn nur was innen *ist,* kann außen erkannt werden. Die Tatsache beweist sich zweifelsfrei dadurch, dass sie nach sich selbst fragt. Nur was *ist,* kann sich erkennen. Der Fragende erkennt sich selbst in seiner Frage, in seiner Fähigkeit, die Frage zu stellen. So beantwortet die Frage sich selbst, denn Frage und Antwort sind dasselbe.

Die Frage ist die Antwort.

Wir erinnern uns an die ursprüngliche Frage: Was bist Du? Wie wir gesehen haben, bist Du ein multidimensionales Wesen, eine Wesenheit, deren Sein sich nicht auf die dreidimensionale Erfahrungswelt begrenzt.

So ist also Deine anfängliche Definition dessen, was Du bist, bestenfalls drastisch eingeschränkt. Du begrenzt Dich selbst auf das in Deiner Dimension Sichtbare, auf die äußere, vergängliche Erscheinungswelt. Du vertraust dem *scheinbar* Offensichtlichen so sehr, dass Du blind bist für das *wahrhaft* Offenbare. Nur das kann *offen-sichtlich* sein, was Du zu sehen entscheidest. Das ist logische Folge Deiner unbegrenzten Macht und Deines freien Willens.

Was der Mensch nicht infrage stellen will, stellt er auch nicht zur Diskussion mit sich selbst. Was ihm gesichert und über jeden Zweifel erhaben scheint, dem gibt er die Macht, ihn zu verblenden und irrezuführen. Der Mensch findet erst dann zu der richtigen Antwort, wenn er die richtige Frage stellt. Nur dort kann gefunden werden, wo es etwas zu finden gibt.

Was bist Du nach Deinem Übergang, wenn Du Deinem biologischen Körper entsteigst? Was bist Du dann noch von alledem, was Du jetzt zu sein gewiss bist?

Alle Definitionen scheinen, wenn überhaupt, nur innerhalb eines gewissen Zeitrahmens zu funktionieren. Wenn wir voraussetzen, dass Du fühlst und somit *weißt*, dass Du ein ewiges Wesen bist, muss es auch eine Definition geben, die ewige Gültigkeit hat. Besonders Mutige werden sich den Definitionen der Natur- oder Geisteswissenschaftler anschließen, je nach persönlicher Disposition und erzieherischem Hintergrund. Allem Anschein zum Trotz spielt es kaum eine Rolle, in welchem Lager Du bei Deinen Erklärungsversuchen landest, sie alle werden der unendlichen Komplexität Deiner Existenz nicht im Geringsten gerecht. ›Weltliche‹ Erklärungsmodelle bedienen sich ›weltlicher‹ Mittel und müssen, ihrer Substanz entsprechend, schließlich dort aufhören, wo Du anfängst. Allesamt sind sie einschränkende, reduzierende und begrenzte Konzepte.

Es sind Glaubenssysteme, die die wahre Größe und Herrlichkeit Deines Wesens nicht erkennen, ja, sie sogar verleugnen und sich ihrer Erkenntnis entgegenstellen, um ihre eigene Gültigkeit zu postulieren. Sie spiegeln die Selbstwahrnehmung derer, die diese Glaubenssysteme begründet haben und sie unterstützend bewahren wollen. Sowie Du Dich entscheidest, ihre unangetasteten Inhalte infrage zu stellen, haben sie wahrlich ihre Schuldigkeit getan.

Alle Wahrheit über Dich liegt in Dir selbst und nur dort, wo sie ist, kann sie gefunden werden. Wage es, das goldene Kalb zu schlachten und all das, was andere Dir über Dich sagen, infrage und zur Diskussion mit Dir selbst zu stellen. Andere können Dich nur soweit wahrnehmen, wie sie sich selbst wahrnehmen wollen. Lasse Dich nicht von *ihrem* Irrtum verblenden und Dir von ihnen sagen, wer Du bist. Vertraue Dir selbst und wisse, dass nur Du selbst Dir sagen kannst, wer und was Du bist. Jetzt und ewig. So sind wir bei unseren Betrachtungen wieder bei der Ausgangsfrage angelangt, bei der Frage: »Was bin ich?«

Vertraue nicht auf der Welt Antwort, dies führt Deine gesegnete Aufmerksamkeit nur auf eine falsche Fährte. Der Mensch wird dem Menschen niemals auf die Schliche kommen, wenn er sich Affen anschaut. Du wirst Dich selbst nur erkennen, wenn Du Dich selbst anschaust. Der Mensch weiß nicht, was er ist, und weil dem so ist, kann er auch nicht erkennen, was die Erscheinungsformen um ihn herum sind, die Natur und alles, was da ist in seinem materiellen Wahrnehmungsbereich. Weil Du Dich selbst nicht als ein über die Materie hinausreichendes Wesen begreifst, kannst Du auch anderes Sein nicht über die Materie hinaus begreifen. Solange Du Dich nicht an dem Dir gebührenden Standort einordnest, kannst Du auch alles um Dich herum nicht in einen sinnvollen Zusammenhang stellen.

Um jeglichem Missverständnis zuvorzukommen, möchten wir deutlich hervorheben, dass wir hier nicht etwa behaupten, es gäbe keine Evolution. Im Gegenteil: Unaufhörlicher Wandel, Anpassung, Veränderung und Fortschritt sind Grundvoraussetzung für die Beständigkeit von allem, was da ist. Beständiges Sein ist beständiges Werden und nur das kann sein, was allzeit im Werden begriffen ist.

Beständiges Sein ist beständiges Werden.

Wandel, Veränderung, Ausdehnung ist ewiges göttliches Prinzip und damit Eigenschaft und Bedingung für die Existenz von allem, was es geben kann.

Die Wissenschaft missversteht dieses göttliche Konzept und interpretiert es falsch, da sie die Ursache mit der Wirkung verwechselt, den Schöpfer mit seinem Geschöpf.

Das Geistige gebiert das Materielle und nicht umgekehrt. Jede physische Manifestation setzt ein Bewusstsein *voraus*, das sie in den physischen Ausdruck bringt. Nichts kann jemals existieren ohne eine Ursache, einen Urheber.

Bewusstsein erschafft Materie und niemals kann es Materie geben ohne ein Bewusstsein, das sie in den physischen Ausdruck denkt. Alle Informationen, die Du brauchst, um Deiner Herkunft und damit Deiner Identität auf die Spur zu kommen, sind Dir gegeben, sie sind *in* Dir, in Deinem Sein begründet. Sie sind Dir völlig frei zugänglich und waren es immer.

Die Menschheit hat sich, kollektiv betrachtet, bis etwa gegen Ende des vorigen Jahrtausends dafür entschieden, sie zu ignorieren, zu verleugnen oder sogar zu bekämpfen. Nun, der Mensch lebt zwar *in* der Welt, nicht aber *von* der Welt. Selbst wenn Du die Frage Deiner irdisch-biologischen Herkunft zweifelsfrei klärst, ist Dir nur bedingt geholfen.

Die sich in neuerer Zeit häufenden Offenbarungen betreffend Eures außerirdisch-biologischen Erbanteils mögen objektiv gesehen korrekt sein, doch sind sie dann irreführend für den Suchenden, wenn er seinen Blick für das Wesentliche trüben lässt. Die Chance in diesen Offenbarungen liegt für den Menschen, der sie ergreifen will, in der mit diesen Entdeckungen einhergehenden Erweiterung seiner Selbstwahrnehmung.

Du weißt nicht, aus welchem Stoff Du gemacht bist, und deshalb kannst Du auch die Essenz alles anderen nicht erkennen. Du nimmst Dich selbst als ein materielles Wesen wahr und dieser Blick auf Dein Selbst ist sehr begrenzt. Dieser reduzierte Blick auf Dich selbst ist unendlich tief unter Deiner Würde und wird Deiner wahren Größe weitaus weniger gerecht, als Du zu erkennen in der Lage bist.

Es ist das geistige Wesen *aller* Materie, das Du nicht anerkennst, denn Materie kann in der Form, wie Du sie verstehst, niemals ein ›Eigenleben‹ führen. Materie ist beseelt, Bewusstsein in physischer Ausdrucksform. Alle Materie ist Diener des Geistes, ein wundervoller, treuer und unfehlbarer Diener. Aber eben ein Diener und niemals der Herr. Leben ist Sein und ›funktioniert‹ immer von innen nach außen. Die Ursache kommt *vor* der Wirkung und bedingt sie, denn niemals kann Wirkung ohne Ursache sein. Wirkung beweist Ursache und nicht umgekehrt. Wir werden auf diesen scheinbar offensichtlichen Aspekt oftmals zurückkommen, denn viele Deiner Probleme entstammen der direkten Verwechslung dieser Ebenen.

Bevor uns nun die wissenschaftlich Orientierten unter unseren verehrten Freunden scharfsinnigerweise und auch nicht ganz ohne Berechtigung entgegenhalten, dass die Wissenschaft überhaupt nicht den Anspruch für sich erhebt, die Frage nach dem »Was bin ich?« beantworten zu wollen, sei dies an dieser Stelle deutlich zum Ausdruck gebracht.

Die Wissenschaft, insbesondere die Naturwissenschaft, hat die Beantwortung dieser Frage immer mehr oder weniger deutlich in den Kompetenzbereich der Religionen gerückt. Die Wissenschaft untersucht, *wie* die Dinge funktionieren. Doch zu welchem Zweck sollte sie das tun, wenn es nicht schlussendlich doch um die Klärung der Frage ginge, *was* die Dinge denn da sind, deren Funktionsweisen erforscht werden?

Die Frage nach dem Wie impliziert immer die Frage nach dem Was, darin liegt allzeit der Antrieb des Fragenden, mag er sich dessen nun bewusst sein oder nicht. So wird denn niemand ernsthaft bestreiten wollen, dass der allgemein akzeptierte Glaubenssatz, der Mensch sei ein »mehr oder weniger zufälliges Produkt einer mehr oder weniger willkürlichen Abfolge von Anpassungsprozessen an eine sich willkürlich verändernde Umwelt zum Zwecke der Lebenserhaltung« einen entscheidenden Einfluss auf die Selbstwahrnehmung des Menschen hat. Wenn auch die Frage nach dem Warum des ganzen Aufwandes förmlich unter den Nägeln brennt und unbeantwortet bleibt, kann doch niemand von sich behaupten, dieses Gedankenkonstrukt sei spurlos an seiner Selbstsicht vorbeigegangen. Der Mensch ist unendlich viel mehr als eines von unzähligen unwichtigen Salzkörnern in einer mysteriösen Suppe, von der niemand weiß, wer sie gekocht hat und warum. *(Anm. der Verfasserin: Scherzhaft gesagt).*

Wenn die Wissenschaft den Menschen und all das, was ihn ausmacht, auf biochemische Prozesse im Gehirn reduziert, wird er sich auch nicht wirklich besser fühlen. Hier wird erneut das Was mit dem Wie verwechselt, die Ursache mit der Wirkung, der Schöpfer mit seiner Schöpfung.

In dem verzweifelten Bemühen des Menschen, sich selbst endlich auf die Schliche zu kommen und das Geheimnis seiner Existenz zu lüften, ja sogar etwaige Gesetzmäßigkeiten menschlichen Schicksals zu entdecken, stürzt sich die medizinische Forschung in neuerer Zeit mit wilder Entschlossenheit auf die Gene. Nun, langer Rede kurzer Sinn: Wieder stehen wir vor der leidigen Frage, wer denn nun der Herr im Hause ist. Diese Bestrebungen als solche sind so nachvollziehbar wie berechtigt. Die Sehnsucht des Menschen nach Erkenntnis und Verständnis seiner selbst ist Herzenswunsch und Bedürfnis aus viel tieferer Ebene, als ihm klar sein dürfte.

Es ist grundsätzlich klug, sich in ein Haus zu begeben, die Einrichtung zu betrachten und alles ganz genau zu untersuchen, um Informationen und Erkenntnisse zu gewinnen, die Rückschlüsse auf den Hausherrn ermöglichen. Jedoch ist es alles andere als klug, das Haus selbst für den Hausherrn zu halten. Ist dieses Missverständnis aufgelöst, wird der Forschende von völlig anderen Prämissen ausgehen. Beide, Hausherr wie Behausung, werden sodann aus völlig anderen Blickwinkeln betrachtet. Diese korrigierte Sichtweise würde sich selbst völlig mühelos mit wertvollen und bahnbrechenden Erkenntnissen belohnen.

Du wirst Deine Sichtweise korrigieren. Du wirst Dich entscheiden, die Wahrheit über Dich selbst zu erkennen. Du wirst Dich entscheiden, die ›wahre‹ Wirklichkeit der Dinge hinter der scheinbaren wahrzunehmen.

Wäre dies nicht Dein Wille, hättest Du Dich nicht in Form dieser Zeilen selbst dazu eingeladen. In dem Maße, in dem Du Dich entscheidest, mit dem Herzen zu sehen, mit Deiner Intuition, Deinem Gefühl, Deiner Vorstellungskraft, mit Deiner Fantasie, wirst Du Dir selbst und Deinem wahren Sein auf die Spur kommen. Dies alles sind völlig gültige Aspekte Deines umfassenden Selbst.

In dem Maße, in dem Du Dich entschließt, Deinem Gefühl zu vertrauen, wenn es Dir sagt: »Das ist Wahrheit«, wirst Du sie erkennen. Dieses intuitive Wissen ist Gott selbst in Dir, der sich über Deinen intellektuellen menschlichen Verstand erhebt und sich Dir als einzige und ewig gültige Wahrheit über Dich selbst offenbart. Es ist Gottes Blick auf Dich, der sich Dir zu erkennen gibt und niemand Geringerer als Dein Schöpfer kann jemals die Wahrheit über Dich kennen. Hier ist jeder Irrtum über Dich auf ewig ausgeschlossen und nur hier wird Dir unfehlbare Wahrheit zuteil.

Meine liebe Freundin, mein lieber Freund, dazu laden wir Dich herzlich ein. Das Fazit Deiner ersten Einsicht dürfte also sein, dass Du nichts von alledem bist, was Du zu sein geglaubt hast, denn da, wo die Sicht auf das Ganze eingeschränkt ist, kann sie nur fehlerhaft sein. Das Fehlerhafte liegt im Wesen der Einschränkung als solche begründet. Also fangen wir wieder bei null an. Das ist eine wunderbare Ausgangsposition zur Enthüllung der Wahrheit, ja sogar die denkbar beste. Wo keine Prämisse *ist,* kann sie nicht fehlerhaft sein. Das wirklich Einzige, das wir bis zum jetzigen Zeitpunkt zweifelsfrei über Dich herausgefunden haben, ist die Tatsache, dass Du ein Wesen bist, das lesen kann.

»Der Mensch ist ein ewiger Gottsucher.
Was man auch sonst von ihm aussagen wollte,
wäre sekundär. Denn aus dieser einen Quelle
strömt alles, was er tut und unterlässt.«
Egon Friedell

2. Ein-Sicht

Zum Bilde Gottes schuf Er ihn

Wo der König inkognito geht,
kniet niemand vor ihm nieder

Meine liebe Freundin, mein lieber Freund, wir haben schon allerhand erreicht. Zumindest weißt Du jetzt, was Du *nicht* bist. Zumindest nicht *nur*. Es ist für jeden Menschen ein scheinbar gewagtes Unterfangen, sich auf ein neues Selbstkonzept einzulassen, sei es auch nur ›probeweise‹.

Bevor Du korrekte Informationen bezüglich Deiner Identität aufnehmen und integrieren kannst, musst du Dich von Fehleinschätzungen und Irrmeinungen befreien. Bevor neues Bewusstsein den ihm angemessenen Platz einnehmen kann, muss das alte weichen.

Wie wir später noch sehen werden, ist sich selbst erkennen sich selbst ›erschaffen‹ und Du kannst Dich nicht neu ›erschaffen‹ und gleichzeitig unverändert bleiben. Wo Alt ist, kann nicht Neu sein und wo Neu ist, da ist Alt verschwunden. Wahrheit und Irrtum können nicht nebeneinander existieren, das eine ist die Aufhebung des anderen.

Du stehst bei Deiner Entdeckungsreise hin zu Dir selbst erst ganz am Anfang, denn diese Reise ist unendlich und doch hast Du schon viel erreicht. Du bist wahrhaft großartig, großartig menschlich. Der drängenden Sehnsucht des Herzens nach Sinnhaftigkeit nachgebend, machst Du Dich auf die Suche nach Dir selbst. Wie sonst könnte Sinn zu finden sein? Diese Sehnsucht enthüllt den Sinn und Zweck all Deiner Inkarnationen und nun, da Du ihr bewusst nachgibst, solltest Du Dich so großartig fühlen, wie Du bist. Du solltest Dir wahrhaft die Ehre erbieten, denn Ehre gebührt allzeit dem, der sucht.

Da Du suchst, was Du *bist*, schon immer warst und ewig sein wirst, kann es unmöglich sein, dass Du nicht findest. Vielleicht kannst Du den Zusagen des Christusbewusstseins vertrauen, das mit den Worten »Wer sucht der findet« göttliches Versprechen zum Ausdruck brachte. Niemals kann sein, dass Gott sein Wort bricht, und wo Er[1] sein Wort gibt, da ist es für die Ewigkeit gegeben.

Gottes Schöpfung *ist* Er selbst, in ewiger Ausdehnung, und Gott kann sich selbst niemals verlassen. So ist sein Wort ewig gültig, wie alles, was aus Gott ist, ewige Gültigkeit hat. Es ist nicht möglich, dass Du vergebens suchst, Du wirst immer und unfehlbar finden. Deine Suche selbst impliziert die göttliche Garantie, dass Du finden mögest, denn wenn es nichts zu finden gäbe, könntest Du Dich nicht auf die Suche begeben.

Die Antwort liegt in der Frage, die Frage *ist* die Antwort. Es ist Gottes Plan, dass der Mensch finden möge, denn was ist, das will so sein. Der Wille zur Suche beweist sich selbst dadurch als begründet, dass er ist.

Nun, Du hast also allen Grund zuversichtlich und vertrauensvoll zu sein, wenn es um Deine Selbsterforschung geht, und so wollen wir denn da und dort weitermachen, wo Du jetzt bist.

Es dürfte Dir sehr dienlich sein, Dein Herz zu öffnen für das Wesentliche und Deinen menschlichen Verstand zu klären für eine Denkweise, die jenseits aller Klischees und Werturteile liegt. Nur dann kann und wird sich Dir das Wesentliche in allen Dingen, das Wesentliche in Dir, offenbaren, denn niemals kann etwas gegen Deinen Willen verstoßen.

---

[1] Hinweis zur Großschreibung der Pronomen siehe Vorwort.

Deinem Willen wohnt wahrhaft alle göttliche Macht inne und so ist es allzeit unmöglich, dass Du Dich *gegen* Deinen gottgegebenen freien Willen selbst erkennen kannst. Der Freiheit Deines Willens sind keine Grenzen gesetzt, *Dir* sind keine Grenzen gesetzt. Es wartet darauf, von Dir erkannt zu werden, so Du Dich entscheidest, es zu wollen.

Wer Wahrheit sucht, wird von Wahrheit gefunden.
Wahrheit ist allgegenwärtig.

In der Welt der Materie wird das intellektuelle Wissen höher bewertet als das Glauben. Doch Glauben ist kein willkürlich gewähltes Hirngespinst, es ist *intuitives* Wissen und damit weitaus verlässlicher, wenn es um die Wahrheit geht, als alle scheinbare Weisheit, die dem Verstande entspringt.

Glaube ist Wissen, das einer anderen Quelle entstammt als dasjenige des Verstandes. Wenn Dir nun langsam klar wird, wie absurd es ist, Deinen intellektuellen Verstand höher zu bewerten als Deine Intuition, bist Du auf der Suche nach Deinen Antworten einen entscheidenden Schritt weiter. Deine Intuition ist Deiner wahren Natur, Deiner Wirklichkeit, so viel näher als Dein menschlicher Intellekt, der sich nur an Deinen Erfahrungen orientiert.

Du *bist* Gedanke und Gefühl, Herz und Verstand und doch bist Du weitaus mehr als das. Du bist eine Energiebündelung, die sich aus einem wandelbaren, vergänglichen, menschlichen Aspekt und dem wahren Ich, das göttlich und ewiglich ist, zusammensetzt. Der menschliche Aspekt Deines Seins verändert sich nach Deinem Willen, der Gottes Wille ist, mit jeder Deiner Inkarnationen. Gott in Dir aber bleibt ewig Er selbst. In ewigem Wandel begriffen, bleibt Er unwandelbar immer sich selbst gleich. Das ist göttliche Unermesslichkeit, die *Deine* Unermesslichkeit ist und jede Vorstellung übersteigt.

Durch die mangelnde Würdigung, die Du Deiner Intuition entgegenbringst, reduzierst Du Dich selbst in weit größerem Maße, als Du zu diesem Zeitpunkt ahnen kannst. Dein mangelndes Vertrauen in das, was Dir die Wahrheit über Dich selbst zuflüstert, beschränkt Deine Wahrnehmungsfähigkeit um ein Vielfaches und beraubt Dich der bewussten Erfahrung Deiner wahren Identität.

Niemals kann etwas gegen Deinen Willen geschehen und die Stimme Deiner Intuition kann sich in Dir nur in dem Maße erheben, in dem Du sie zu hören gewillt bist und ihr Vertrauen schenkst. Ein unendlich großer Schatz an Informationen und Erfahrungen geht Dir dadurch verloren, dass Du Dir selbst nicht glaubst, Deinen Eingebungen mit skeptischem Misstrauen gegenüberstehst und die Datenflut, die Dich auf diesem Wege erreicht, einfach verleugnest. Welche Blindheit für Deine eigene Schönheit! Welche Blindheit für die Schönheit und Größe Gottes in Dir!

Es ist Deine Intelligenz, die Dich direkt zur Anerkennung der Wahrheit über Dich führen will, es ist die Intelligenz Deines Herzens. Die Intelligenz Deines Herzens ist Deine Liebesfähigkeit. Sie ist einzig klug genug, Dir zu zeigen, in welche Richtung Du blicken musst, wenn Du die Wahrheit erkennen willst.

Die Intelligenz des Herzens ist wahrhaft weise und über jeden Zweifel erhaben, weil sie Dir direkt von Deinem Schöpfer gegeben ist. Wenn Du es wagen willst, Dich von

Deinem Herzen zu Deiner Intuition führen zu lassen, wird die Wahrheit selbst sich Dir und durch Dich offenbaren und Deinem intellektuellen Menschenverstand schließlich die sichtbaren Beweise liefern, auf die er so dringlich beharren will.

Entscheide Dich, Dir selbst, Deinem Gefühl, Deiner inneren Wahrnehmung zu glauben, denn nichts weniger ist Deiner würdig. Willst Du das? Oder willst Du weiterhin unter Deiner Würde leben?

Ein wahrhaft heiliger Schritt ist getan in der Absicht, Dich selbst ernst zu nehmen und Deinem Herzen zu vertrauen, das Dir sagt, dass diese Worte Wahrheit sind, Wahrheit von Dir, über Dich und für Dich. Glauben *ist* Wissen. Die Erfahrung tiefster innerer Gewissheit, die den nicht menschlichen Aspekten Deines Wesens entspringt und jedes Drängen nach weltlichem ›Beweis‹ hinwegfegt, beweist sich selbst durch ihr Sein.

Meine lieber Freund, meine liebe Freundin, Dir ist ein unfehlbarer Wegweiser bei der Suche nach der Wahrheit über Dich selbst gegeben. Diese Orientierungshilfe ist – wie könnte es auch anders sein – nur in Dir selbst zu finden. Wenn Du den Wahrheitsgehalt eines Konzeptes über Dich selbst in Zweifel ziehst, findest Du in diesem Kriterium unfehlbare Auskunft. Das Kriterium für Wahrheit liegt schlicht und ergreifend in der Tatsache, dass dieses Gedankenkonzept Dich *glücklich* macht.

Nur weil Du nicht erkennst, wer Du bist, kannst Du lieblose Gedanken über Dich selbst hegen und akzeptieren. Was Dich nicht mit Jubel erfüllt, kann nicht Wahrheit über Dich sein. Was Dich nicht mit Jubel erfüllt, kann nicht liebevoll sein. Was aber nicht liebevoll ist, kann niemals der Wahrheit in Dir und über Dich entsprechen.

Gott jubelt im Angesichte *jedes* Selbstausdrucks, den Er sich geschaffen hat, und so jubelt Er auch in dem Deinen. Nur der Blick dessen, der Dich schuf, ist unfehlbar und wenn Gott Dich anblickt, sieht Er allzeit nur Liebe. Gott kann sich in seiner Einschätzung seiner selbst unmöglich irren und so kann Er auch in der Deinen nicht fehlgehen.

Würdest Du Dich selbst lieben, dann wüsstest Du um die Liebe Gottes, denn beide sind eins und es gibt nur eine Liebe. Es würde Dir nicht im Traume einfallen, ein Glaubenskonstrukt über Dich zu akzeptieren, das Dich nicht mit Glückseligkeit erfüllt. Die Welt fürchtet Gott und wo Angst ist, kann niemals Freude sein. Die Menschen fürchten Gott, weil sie sich selbst fürchten. Deine Gotteswahrnehmung kann immer nur Spiegelung Deiner Selbstwahrnehmung sein, denn niemals kann ein Wesen über sich selbst hinaus erkennen.

Dein verzerrtes Bild Deiner selbst kann nur ein ebenso verzerrtes Bild Deines Schöpfers hervorbringen. Das eine ist die logische und unvermeidbare Konsequenz des anderen. Gott ist vollkommene Liebe. Vollkommene Liebe ist vollkommene Glückseligkeit. Wenn Dich das, was man Dich lehrt, was Du denkst und glaubst, nicht mit Glück erfüllt, kann es unmöglich Wahrheit sein.

Niemals kann etwas erschaffen sein, das nicht inhärent in seinem Schöpfer vorhanden wäre. Nichts kann sein, das nicht Teil seines Schöpfers wäre. So wie kein Maler jemals ein Bild hervorbringen könnte, das nicht in ihm ist, und wie kein Dichter jemals Gedanken formulieren kann, die nicht

Teil seines Geistes sind, so kann auch Gott bei seiner Schöpfung nur sich selbst hervorbringen. Nur was innen vorhanden ist, kann nach außen drängen, denn nur was *ist*, kann sein.

Da jede Schöpfung den ›Rohstoff‹ seines Schöpfers spiegelt, kannst auch Du nur aus derselben Essenz beschaffen sein, die Gottes Essenz ist. Alles erschafft aus sich selbst heraus und so hat Gott auch Dich aus sich selbst hervorgebracht. Im Klartext bedeutet das: Du bist ein Teil Gottes, ihm gleich und nach seinem Bilde erschaffen. So siehst Du Dich denn hier zwei Prinzipien gegenüber, die für Deine Wahrheitsforschung von unvorstellbarem Wert sind:

1. Es gibt ein absolutes Prinzip, Gott, Schöpfer von allem, was da ist.

2. Weil dieses absolute Prinzip Dich erschaffen hat, kannst Du nur von ihm auf Dich selbst schließen.

Es gibt viele Formulierungen und Namen, die Menschen Gott gegeben haben. Sicher ist Dir bewusst, dass es mit menschlichen Begriffen, mit dem reduzierenden und begrenzten Medium Sprache, niemals auch nur annähernd möglich ist, der Größenordnung und Komplexität des ›absoluten Prinzips Gott‹ gerecht zu werden. Gewiss bist Du Dir im Klaren darüber, dass Worte Gott nie wirklich und gültig erklären und begrifflich machen können.

Nun sind wir eben auf Sprache als Transportmittel für diese spirituelle Energieübertragung angewiesen. Anstelle von ›Gott‹ können wir ebenso gut vom ›Liebesprinzip‹

reden, vom ›Prinzip Leben‹, vom ›Schöpfer‹, vom ›Urvater‹, von der ›Urmutter‹ ...

Die meisten Menschen bevorzugen eine Benennung, die eine Personifizierung impliziert. Eine weniger persönliche Formulierung ist ihnen zu abstrakt und daher beängstigend, da sie ein Gefühl von Distanziertheit begünstigt. Dies lässt Euch zurück mit einem schalen Gefühl von Verlassenheit, Einsamkeit und Bedeutungslosigkeit. Nichts wäre weiter entfernt von der Wirklichkeit Gottes als das. Da es niemals Schubladen geben kann, in die Gott passen könnte, ist klar, dass Er sowohl gänzlich persönlich als auch gänzlich unpersönlich ist. Niemals kann es etwas geben, was Gott nicht ist. Gott ist nie ›Entweder-oder‹, Gott ist immer ›Sowohl-als-auch‹. Weil dem so ist, werden wir uns im weiteren Verlauf oft der Formulierung ›Alles-was-Ist‹ bedienen, da sie, besser als jede andere, der Absolutheit des Göttlichen gerecht wird.

Es gibt kein Konzept, das sich dieser Formulierung entziehen und sich von ihr ausschließen könnte. Sie beinhaltet alles nur Vorstellbare. Sie beinhaltet das Persönliche und das Unpersönliche, das Belebte und das Unbelebte, das Materielle und das Geistige, das Sichtbare und das Unsichtbare, das Irdische und das Außerirdische, das Männliche und das Weibliche, das Mögliche und das Unmögliche, ja sogar das Liebevolle und das Angstvolle. Alles-was-Ist ist alles, was ist und was jemals sein kann. Punktum. Nichts anderes hat es je gegeben, gibt es und wird es jemals geben können. Nichts kann sein, das da jemals außerhalb dieses Prinzips wäre. Wir sprechen vom Superlativ dessen, das jenseits jeglicher Vorstellungskraft existiert. Um es in den schönen und treffenden Worten von Anselm von Canterbury zu sagen: »Gott ist das, wovon etwas Größeres nicht gedacht werden kann.«

Meine liebe Freundin, mein lieber Freund, gleich welchem Gotteskonzept Du auch anhängen magst, ihnen allen ist ein fundamentaler Denkfehler, dem ein Wahrnehmungsfehler zugrunde liegt, gemeinsam. Diese Fehlwahrnehmung ist Ursache für alle Leiden und Nöte, die es jemals geben kann: die Unerreichbarkeit Gottes.

Dies ist der wohl tragischste Aspekt des menschlichen Gottesbildes, das sich die Welt geschaffen hat. Gott ist Dir so unendlich viel näher, als Du ahnen kannst, und es ist jetzt an der Zeit, dass die Menschheit in besonderer Weise zu dieser Erkenntnis erwacht. Diese Wahrnehmungserweiterung, die mit dem Erkennen einhergeht, wird dem vorhin erwähnten ›Spaßfaktor‹, den ihr Menschen in Eurem spirituellen Leben im Allgemeinen bis dato so schmerzlich vermissen musstet, deutlichen Aufschwung verleihen. Wo Gott ist, da ist Freude. Wo Freude ist, da ist Gott. Und wo bist Du?

Das Fazit Deiner zweiten Einsicht ist also, dass Du nun zumindest weißt, warum Du lesen kannst. Oder, um es korrekt zu formulieren, Du weißt jetzt, warum Du lesen lernen konntest. Du verstehst, warum Du alles andere lernen konntest und warum Du überhaupt lernen kannst. Du weißt, warum Du all die anderen Dinge tun kannst, die immer Du tust. Du weißt, warum Du denken und fühlen kannst. Du weißt, warum Du Dir Gedanken darüber machen kannst, dass Du Dir Gedanken machen kannst. Du weißt, warum Du Dich infrage stellen und Dir Deiner selbst bewusst sein kannst. Du weißt, warum Du sozusagen aus Dir selbst hervortreten, Dich von ›außen‹ betrachten und nach Selbsterkenntnis streben kannst: Weil Dir all diese wundervollen göttlichen Eigenschaften von Deinem Schöpfer gegeben sind. Deine Eigenschaften sind seine, denn aus Dir selbst heraus hast Du kein Sein.

Du hast wahrlich allen Grund zur Freude. Könntest Du diese fantastische Wahrheit in ihrer ganzen Tragweite und Dimension für Dich erfassen, würdest Du wahrhaftig nur noch jubelnd und freudestrahlend durchs Leben gehen.

Wenn Du einen Augenblick innehältst, um Dir der Bedeutung Deiner Erkenntnis auf einer tieferen, wahrhaftigen Ebene bewusst zu werden, um sie in Deinem Herzen zu fühlen, dann veränderst Du Dein Leben in ungeahnter Weise. Das Einzige, das wirklich Einzige, das in Deinem Leben Änderungen hervorbringen kann, ist eine Korrektur der Wahrnehmung Deiner selbst. Alles, wirklich alles in Deinem Leben entscheidet sich an der Frage, wie Du Dich selbst siehst.

»Der Mensch kann in sich
ein Göttliches finden,
weil sein ureigenstes Wesen
dem Göttlichen entnommen ist.«
Rudolf Steiner

3. Ein-Sicht

Der Apfel fällt nicht weit vom Stamm

Wer auf Knien sucht, findet nur, was unten liegt

Mein lieber Freund, meine liebe Freundin, vielleicht willst Du es wagen, Dich selbst richtig zu sehen. Wahrhaft Wundervolles kannst Du dort entdecken. Zum *richtigen* Sehen musst Du einen einzigen wichtigen Grundsatz beherzigen, den einzigen, der jetzt und ewig von Bedeutung ist, wenn Du der Wirklichkeit in den Dingen auf die Spur kommen willst.

Wie so oft, nein, wie immer, lehrt Dich Dein Schöpfer selbst, wie es richtig zu machen ist, wie Du richtig hinsiehst, damit Du überhaupt etwas Reales erkennen kannst. Du musst mit den Augen dessen schauen, der alle Dinge erschaffen hat: Du musst mit *Liebe* auf das schauen, was Du betrachtest. Alles, was Du sehen kannst, was immer sich Deinem Blick erschließt ohne *Deine* Liebe, ist nur Blendwerk, nur der Schein, der das Sein verhüllt. Es ist gar nichts.

Immer dann, wenn Du ohne Liebe schaust, wenn Du ohne Liebe *bist*, kannst Du nur trügerische Illusion wahrnehmen: vergängliches äußeres Haben, das ewiges inneres Sein verschleiert. Der Blick ohne Liebe kann Dir *niemals* die wahre Dimension der Erscheinungen, die Seele der Dinge und ihre ewig gültige Wahrheit enthüllen. Der lieblose Blick ist der gottlose Blick und zeigt immer nur die vergängliche Form, die den ewigen Inhalt verschleiert. Die immerwährende Wirklichkeit, die wahre und wahrhaftige Realität in allem, was da ist, kann sich Dir *nur* in und durch Liebe erschließen. Dies gilt nicht weniger, ja ganz besonders, für Deinen Blick auf Dich selbst. Nur was Du in Liebe anschaust, kannst Du so sehen, wie es wirklich ist.

Der abstruseste Gedanke, dessen ein menschlicher Geist fähig ist, entspringt dem Glauben, dass Liebe blind mache. *Nichts* könntest Du jemals in Worte fassen, das da weiter entfernt wäre von der Wahrheit und damit von Dir selbst. Verbanne diesen lebensfeindlichsten aller Gedanken ins Reich der enttarnten Fehlwahrnehmungen, er ist eines Kindes Gottes, *Deiner*, nicht würdig. Gott in Dir sei Dank, weißt Du auch um Redewendungen wie »nur mit dem Herzen sieht man gut«. Und so *ist* es. Deine Augen sehen Illusion, denn sie *sind* Illusion, Vergänglichkeit.

Dein liebendes Herz sieht Gott. Dein liebendes Herz ist Gott, der sich selbst sieht.

Dein liebendes Herz ist Gott der sich selbst erkennt und manifestiert. Das ist die einzig gültige Wahrheit über Dich, die es jetzt und ewig geben kann. Wer aber die Wahrheit über und in sich selbst erkennt, sieht sie in jedem anderen und in allem, was ist.

Wer Gott in sich selbst wahrnimmt, erkennt ihn ebenso in all seinen anderen Erscheinungsformen. Jemanden zu lieben heißt nicht, ihn so zu sehen, wie Gott ihn gewünscht hat, es heißt, ihn so zu sehen, wie Gott ihn *geschaffen* hat. Lieben heißt, die Dinge zu sehen, wie sie *sind*. Es geht um Dich, um Deinen Blick auf Dich selbst. Um also endlich die Frage nach dem »Was bin ich?« aufzuklären, musst Du Dich selbst liebevoll anschauen. Wenn Du Dein wahres Selbst erkennen willst, musst Du Dich selbst lieben. Wenn Du Dich *jetzt* erkennen willst, musst Du Dich *jetzt* lieben.

Du hast festgestellt, dass Du unmöglich aus einer anderen Essenz bestehen kannst als der desjenigen, aus dem Du hervorgegangen bist. Erforsche also den Baum, dessen Frucht Du erkennen willst, denn die Frucht ist im Baume wie der Baum in der Frucht.

Du magst im ersten Moment vielleicht verwundert sein zu hören, dass es nicht besonders schwierig ist, Erkenntnisse über Gott zu erlangen. Alles, was ist, was war und was jemals sein wird, legt Zeugnis von Ihm ab. Was auch immer in seiner Schöpfung Du anschauen magst, erzählt Dir von Ihm.

Alles-was-Ist offenbart sich in allem, was ist.

Wir haben gesehen, dass Gott der Schöpfer von allem ist, was da ist, was jemals war, was jemals sein wird. Die Sache ist vergleichsweise einfach, weil es im Prinzip des Absoluten keine Ausnahmen und somit keine »Fehlerquoten« geben kann. Gott ist weder ein Mysterium noch ein Verwirrspiel. Weil Alles-was-Ist eben ist, was sein Name sagt, kann Er niemals etwas erschaffen, das nicht Teil seiner selbst wäre.

Könnte ein Prinzip, das *alles* einschließt, etwas hervorbringen, das außerhalb seiner selbst ist? Das ist völlig unmöglich, denn Gott ist Alles-was-Ist. Gott ist das Absolute, das Ich-Bin in allem, was ist. Und so ist Gott das Leben selbst. Gott *gibt* nicht Leben, Gott *ist* Leben. Gott gibt auch keine Liebe, genauso wenig, wie Gott Leben gibt. Gott gibt nicht Liebe, Gott *ist* Liebe. So Du Dir der Tragweite dieser großen Wahrheit bewusst bist, wirst Du erkennen, welch wunderbare Botschaft für Dich in dieser Erkenntnis liegt: Gott *ist* Liebe.

Kaum eine andere Wahrheitsverzerrung bringt so viel Kummer über Dich wie der Glaube an einen Gott, der Liebe ›gibt‹. Auf diesem furchtbaren Irrtum beruht Deine tiefste

Angst: die Angst vor Liebesentzug und Verlassenwerden. Der Glaube an einen Gott, der Liebe geben könne, impliziert die logische Möglichkeit, Er könne Liebe ebenso verweigern. Was Du *geben* kannst, das hast Du und kannst es somit auch verweigern. Was Du jedoch *bist*, das kannst Du nicht verleugnen, die Essenz des Seins kann sich nicht verweigern.

Du hast aus Gottes Liebe eine Frage der Wahl gemacht, aber Gott hat diese Wahl nicht. Du hast in fataler Weise die Ebenen verwechselt, wie diese Welt das so oft tut: Du hast das Sein mit dem Haben verwechselt. Haben ist Illusion. In Wahrheit und Wirklichkeit kannst Du nichts *haben,* niemand kann das. Du kannst nur *sein*. Weil Gott Wahrheit und Wirklichkeit ist, jegliche Illusion ausschließend, kann Alles-was-Ist niemals irgendetwas haben, sondern nur sein.

Gott *ist* Leben, Liebe, Macht. Alles-was-Ist *hat* nichts von alledem und *Du* auch nicht, denn – Du erinnerst Dich – wie könnest Du etwas anderes sein als Dein Schöpfer, würde das doch bedeuten, dass Er nicht absolut ist und es etwas außerhalb göttlichen Seins geben könne. Wir werden an anderer Stelle noch ausführlich auf die Haben-Sein-Thematik eingehen, zu der es noch einiges zu sagen gibt. Halte vorläufig fest, dass Gott Liebe ist. Wenn nun aber nichts existieren kann, das nicht von Gott erschaffen und somit Teil von Ihm ist, dann ergibt sich in der logischen Konsequenz die einzig mögliche Erkenntnis: Alles ist Liebe, alles besteht aus Liebe, es kann nichts existieren, das nicht aus Liebe bestünde.

Liebe muss der Urstoff aller Dinge sein, das allem zugrunde liegende Seinsprinzip. Anders ausgedrückt: Liebe ist die einzig real existierende Energie. Und jetzt, endlich, löst sich Dein Rätsel um Deine Natur und Deine Frage nach dem »Was bin ich?« findet Antwort. Lasse diese Erkenntnis bis auf den Grund Deines fragenden Herzens sinken, auf dass sie dort reichlich Früchte trage. Die einzig wahre Aussage, die Du jetzt und in alle Ewigkeit über Dich selbst machen kannst, ist: »Ich bin – Liebe.«

Du bist Geist vom Geiste Gottes, Liebe von der Liebe Gottes, Leben vom Leben Gottes, Bewusstsein vom Bewusstsein Gottes.

Nun, meine liebe Freundin, mein lieber Freund, vielleicht tust Du Dich schwer damit, diese Erkenntnis annehmen zu wollen. Noch ist Dein Blick auf Dich selbst von Irrtum und Illusion getrübt und vielleicht willst Du die Wahrheit über Dich noch nicht anerkennen.

Noch fürchtest Du Dich vor Dir selbst, doch so Du Dich entscheidest, Dich mit dem Blick Deines Schöpfers anzusehen, wirst Du nur Schönheit und Liebe erkennen. Alles andere, was Du in Dir selbst und folglich auch in anderen zu sehen glaubst, ist nur vergängliche Illusion, aus Angst geborene Sinnestäuschung. Allein Deine verzerrte Wahrnehmung Deiner selbst verhindert Dein Gewahrwerden der offensichtlichen Allgegenwart Gottes. Alles, was Du bist, kommt aus Gott und ist doch ebenso in Ihm. Nichts anderes kannst Du jemals sein.

*Dein Problem ist nicht das, was Du **bist**,*
*Dein Problem ist, was Du zu sein **glaubst**.*

Der unwiderlegbare Beweis für die Wahrheit dieser Worte liegt in Dir selbst – Du bist Liebe. Weil Du bist, *was* Du bist, kann es niemals irgendetwas anderes als Liebe geben, das Dich vollkommenes Glück empfinden lässt.

Nur in der Liebe kannst Du Dich selbst wiederfinden und Dich mit Dir verbinden. Nur hier kannst Du Deinen Schöpfer wiederfinden und Dich rückbesinnen auf Dich selbst. In der Liebe kann Dein rastloses Herz deshalb zur Ruhe kommen, weil sie Dich in Deine gottgegebene natürliche Schwingung zurückversetzt.

Liebe lässt Dein Herz vor Freude hüpfen und singen, weil sie die Schwingung Deiner ewigen und einzigen Heimat ist. Wenn Du liebst, erkennt Gott sich selbst wieder. In Liebe schwingt Deine Seele mit sich selbst in Gleichklang und Du erkennst Dich als Teil Gottes, der Du bist.

Liebesenergie ist der ›Stoff‹ aus dem Du geschaffen bist. Nichts anderes kannst Du sein, weil nichts anderes existiert. Alles, was Du mit Deinen physischen Augen wahrnehmen kannst, alles, was Du unter ein Mikroskop legen und erforschen kannst, verkörpert nur verschiedene Aspekte einer unendlichen Vielfalt von Ausdrucksmöglichkeiten ein und desselben Liebesprinzips. Wenn Du erkennen willst, was in Deiner irdischen Welt und der ganzen Schöpfung wirklich ist, wenn Du zum Wahrhaftigen vordringen und Dich nicht länger dem Irrtum und dem äußeren Schein der Dinge hingeben willst, dann hast Du ein weiteres unfehlbares Kriterium, an dem Du den Wahrheitsgehalt Deiner Wahrnehmung feststellen kannst:

Alles, was wirklich ist, ist unendlich. Was jedoch nicht unendlich ist, kann nicht wirklich sein.

Was vergänglich ist, kann nicht von einem unendlichen Gott kommen und somit kann es nicht wirklich existieren, sondern nur Illusion sein. Alles Vergängliche ist nur vorübergehende äußere Erscheinungsform einer ewigen inneren Wahrheit. Um es mit den Worten des wunderbaren *Kurs in Wundern*[2] zu sagen: »Nichts Wirkliches kann bedroht werden. Nichts Unwirkliches existiert. Hierin liegt der Frieden Gottes.« Hier wird Deinen Betrachtungen eine weiterführende wichtige Wahrheit hinzugefügt. Gott ist wirklich und somit von ewiger Gültigkeit.

Als Teil von Alles-was-Ist bist auch Du von ewiger Gültigkeit. Du bist so wirklich wie Gott selbst, weil Du Teil von Ihm bist. Der göttliche Anteil in Dir ist unzerstörbar, das Göttliche in Dir verleiht Dir ewiges Leben, es *ist* ewiges Leben. *Du* bist ewiges Leben, ewiges Bewusstsein. Es lehrt Dich, dass das, was in Dir Deiner göttlichen Natur entspricht, unangreifbar, unzerstörbar und ewig unveränderlich ist. Jenseits jedes möglichen Irrtums und aller denkbaren Illusionen über Dich selbst ist Dein wahres Sein in Gott in vollkommener Sicherheit. Du hast wirklich allen Grund zu großer Freude.

»Wenn ein Wilder an seinen hölzernen Gott
zu glauben aufhört, so heißt das nicht,
dass es keinen Gott gibt, sondern nur,
dass er nicht aus Holz ist.«
Lew N. Graf Tolstoj

4. Ein-Sicht

Die Göttliche Komödie

Die (fast) perfekte Inszenierung des Vergessens

Meine liebe Freundin, mein lieber Freund, stell Dir vor, es gibt nur Dich. Stell Dir vor, es gibt nichts anderes. Was immer Du anschaust, wohin auch immer Du Dich wendest, immer siehst Du ›nur‹ Dich selbst.

Du kannst nichts anderes wahrnehmen, weil es nichts gibt, was nicht ›Du‹ ist. Es gibt kein ›Nicht-Ich‹, nichts, was außerhalb von Dir wäre, nichts, was nicht Teil von Dir wäre. Doch wie könntest Du das wissen? Wie kannst Du wissen, was Ich-Sein ist, wenn Du nicht weißt, was Nicht-ich-Sein ist?

Wie kann sich das Absolute erkennen, wenn es kein Nicht-Absolutes gibt? Um es in andere Worte zu fassen, die versuchen, das Unbeschreibliche zu beschreiben und das Unermessliche zu ermessen:

Gott wusste um sich selbst, doch Er erkannte sich nicht.

Was hier versucht, sich in Worte, in verständliche Begriffe zu kleiden, entzieht sich allem intellektuellen Verständnis und übersteigt jedes Fassungsvermögen im wahrsten Sinne des Wortes um ein Unendliches. Dennoch ist es der Erweiterung Deiner Selbstwahrnehmung dienlich, Dich dieser intellektuellen und spirituellen Herausforderung zu stellen. In Deiner Welt ist die Bestrebung, Gott erkennen und erklären zu wollen oftmals mit einem ketzerischen Beigeschmack behaftet, was nur dem Zwecke dient, Dich vor Dir selbst zu verbergen.

Gott jedoch will verstanden, erfasst und begriffen sein. Gott will erfahren und *erkannt* sein. Alles-was-Ist will sich selbst *in Dir* und *durch Dich* erkennen. Wenn dem nicht so wäre, könntest Du Dir niemals solcherlei Gedanken machen und die Frage nach Dir selbst stellen. Niemals kann irgendetwas oder irgendjemand gegen göttlichen Willen verstoßen. Da Du ein lebendiger, gültiger Teil des Absoluten bist, kannst auch Du das nicht.

Aus diesem Grunde ist die menschliche Besorgnis um die Angemessenheit im Umgang mit Gott ein sinnloses Konzept. Die Sorge um Angemessenheit ist aus der Unkenntnis dessen, wer Du bist, geboren und hat keinerlei Wirklichkeitsgehalt und damit keine Berechtigung. Nichts, was wirklich *ist*, kann jemals unangemessen sein. Nur Begrenzung kann Unangemessenheit hervorbringen, da alles, was außerhalb dieser Begrenzung wäre, unangemessen sein müsste. Wo Gott ist, ist Grenzenlosigkeit und in Ihm kann keine Unangemessenheit sein. Nichts kann je etwas hervorbringen, das nicht in ihm und Teil von ihm wäre, keinen Gedanken und auch keine Frage.

Nichts kann je sich selbst übersteigen.

Es geht um nichts Geringeres, als um den Urgrund allen Lebens. Dein Leben ist gottgewollt, Du bist es, denn Du *bist* Dein Leben. Du bist vollkommen gottgewollt so, wie Du bist. Du bist der Aspekt, die Eigenschaft Gottes, der sich selbst als der Mensch, *der Du bist*, erkennen und erfahren will. Alles-was-Ist erschafft sich selbst ewig in unermesslicher, grenzenloser Vielfalt der Formen und Selbsterkenntnisstufen, um sich zu erfahren in allem, was Er ist und sein will.

Gott blickt auf sein eigenes ›Ich-Bin‹ und erkennt sich in allem, was ist, als Er selbst. Um es vereinfacht auszudrücken: Du bist Gott, der *erfahren* will, wie es ist, Gott zu sein in menschlichem Ausdruck. Da Gott sich seiner selbst bewusst ist, bedient Er sich sozusagen eines Planes: Gott tritt *scheinbar* aus sich selbst heraus und ›tut, als ob‹. Gott ›tut, als ob‹ Er nicht wüsste, wer Er ist. Gott ›vergisst‹ *scheinbar* die Erkenntnis, das Bewusstsein seiner selbst.

Der göttliche Plan ist vollkommen. Im allmählichen Erwachen zum Bewusstsein seiner wahren Natur ›erinnert‹ und erkennt Er sich selbst als Gott, der Er ist. Gott ›erkennt‹, wie es ist und was es bedeutet, Gott zu sein dadurch, dass Er erfährt, wie es ist, nicht Gott zu sein oder besser gesagt, es nicht zu *wissen*. Das *Wie* ist variabel, das *Was* jedoch ist auf ewig gesichert.

Gott ist alle Macht, Gott ist Alles-was-Ist. Die allumfassende Identität Gottes schließt alles und jedes ein, bis auf eine Ausnahme. Ja, da gibt es tatsächlich eines, das Gott nicht kann: Gott kann nicht *nicht Gott* sein. Das ist ein Kernpunkt in unseren Überlegungen und für Dich ist es eine Erkenntnis von zentraler Bedeutung. Du wirst verstehen warum, denn da Du ein Teil Gottes bist, muss alles, was Gott betrifft, auch Dich betreffen.

Alles, was Gott betrifft, gilt auch für Dich.

Hier begegnet uns erneut die bedeutende Aussage, die Du schon zuvor angetroffen hast: »Nichts Wirkliches kann bedroht werden.«

Du bist Gott, der so tut, als habe Er vergessen, wer Er ist. Nichts anderes bist Du. Alles, was sein kann, ist Teil Gottes in unendlicher Vielfalt der Ausdrucksformen. Alles, jedes und jeder, ist Teil ein und derselben Quelle. Alles ist eins. Du bist Teil Gottes, ein göttlicher Aspekt, eine seiner unzähligen Ausdrucksformen, eine seiner Eigenschaften auf der Suche nach Rückerinnerung seiner selbst. Du magst glauben von zu Hause ausgezogen zu sein, um den Weg in die Heimat wiederzufinden. Tatsächlich bist Du dann wieder zu Hause, wenn Du nicht nur weißt, dass Du in Wirklichkeit Dein Zuhause nie verlassen hast, sondern wenn Du erkennst, dass Du selbst das Zuhause *bist*, das wiederzufinden Du so sehr ersehnst.

Das ist Schöpfung. Das ist Evolution. Schöpfung und Evolution sind ein und dasselbe, denn nie kann etwas Lebendiges nicht in Bewegung sein. Nicht in Bewegung sein wäre *nicht* sein und daher ein unmögliches Konzept.

Die Schöpfung lebt in immerwährender Bewegung, in ewiger Ausdehnung ihrer selbst. Das ist Grund, Sinn, Bedeutung und Selbstzweck von allem, was ist. Es ist die Essenz aller Schöpfung. Gott ist der allgegenwärtige Inhalt, verborgen in jeder nur denkbaren Form, ihre Ursache, ihr Sein und ihre Natur.

Vielleicht willst Du jetzt verstehen, dass es in Dir und Deinem Leben nur um das Eine gehen kann: um Selbsterkenntnis. Sich selbst erkennen, ist Gott erkennen, es ist dasselbe. Weil Gott alles ist, was ist, gibt es nichts anderes zu erkennen. Da ist *nichts* anderes. Aus diesem Grunde ist Selbsterkenntnis nicht etwa eine von vielen Formen der Erkenntnis, sie ist die einzig mögliche.

Du bist ein Teil, eine Form, ein Ausdruck, eine Manifestation, eine *Eigenschaft* Gottes. Selbstverständlich kannst Du nichts anderes sein! Es wäre vermessen zu glauben, Du könntest getrennt von Gott existieren. Wie könntest Du das, wie sollte das möglich sein? Nichts kann jemals außerhalb von Gott sein, da es nichts geben kann, das nicht Gott ist.

Wie wir gesehen haben, ist es Teil des schöpferischen Planes, dass Du es ›vergisst‹. Wer aber Gott in sich vergisst, vergisst sich selbst und erkennt sich nicht. Wer Gott in sich nicht anerkennt, kennt sich selbst nicht. Dies ist sozusagen die ›Göttliche Komödie‹, die Du mit Dir und für Dich selbst aufführst, eine perfekte Vorstellung. Die (fast) vollkommene Inszenierung des Vergessens: Das ist Menschwerdung, das ist *Ego*.

Mein lieber Freund, meine liebe Freundin, jetzt kommst Du dem eigentlichen Ziel unserer Ausführungen einen entscheidenden Schritt näher. Wir erinnern uns, schließlich geht es hier um die Lösung Deiner Probleme. Und die ergeben sich samt und sonders aus Deinem Ego oder, um es korrekt zu formulieren, aus der Illusion, Du seiest Ego und nichts darüber hinaus.

Wie wir gesehen haben, kann Gott niemals *wirklich* nicht Er selbst sein, sondern nur ›so tun, als ob‹. Dein Ego, Dein Glaube, Du seiest etwas anderes als Teil des Göttlichen, kann also nur irreal und vollkommen illusorisch sein. Du kannst nicht getrennt von Gott exisieren, Du kannst nichts anderes sein als Teil von Ihm. Mit anderen Worten: Ego ist nur ein Irrtum über Dich selbst und entbehrt jeglicher Wirklichkeit. Ego, das *ist* der absurde Glaube, Du seiest etwas anderes als Liebe, denn was nicht Gott ist, kann nicht Liebe sein. Ego *ist* der Glaube, Du seiest getrennt von Deinem Schöpfer, allein, einsam, verlassen. Was aber vom Schöpfer verlassen ist, kann nicht gut sein: Ego ist die Überzeugung, Du seiest nicht gut. Nein, hier hat sich kein Schreibfehler eingeschlichen. Ego *hat* keine Überzeugungen,

Ego ist die Überzeugung: »Ich bin nicht gut.«

Ego ist also, wie gesagt, der absurde Glaube an die Möglichkeit einer von Gott losgelösten, unabhängigen Existenz. Da Gott nur ein anderes Wort ist für Liebe, Leben, Allmacht, Vollkommenheit, impliziert Ego den Glauben an die Abwesenheit, das Nichtvorhandensein, all dieser Attribute.

Die ›Geburtsstunde‹ des Ego ist auch die Geburtsstunde all Deiner Probleme. Das sprichwörtliche Paradies, der ersehnte Himmel, ist die Wahrnehmung, die Erkenntnis der Einheit mit Deinem Schöpfer, den Du *scheinbar* verlassen hast. Das Paradies ist da, wo auch Gott ist, es ist *in* Dir. Nun weißt Du, dass Du die Einheit niemals wirklich verlassen hast, dass Du es niemals könntest, weil nichts außerhalb existieren kann. Es kann kein ›Außerhalb‹ geben.

Die Geburtsstunde des Ego ist nicht der Verlust der Einheit mit Alles-was-Ist, sondern ›nur‹ der Verlust ihres Gewahrseins. Mit diesem Unterschied steht und fällt alles, denn dies ist Dir göttliche Gewähr, dass niemand jemals wirklich verloren ist, mag er noch so tief in das Vergessen und damit in die Fehlwahrnehmung seiner selbst sinken. »Nichts Wirkliches kann bedroht werden«[3] und Ego ist nicht wirklich. Nur Du bist wirklich, das ›Ich-Bin‹ in Dir ist wirklich, real, ewiglich. Was auch immer Deinem Ego, *Dir*, so wie Du Dich wahrnimmst, widerfährt, es ist keine reale Bedrohung. Ego existiert nicht wirklich, weil »nichts Unwirkliches existiert«[4].

Das sind wahrhaft wunderbare Neuigkeiten. Der Christus war sich seiner eigenen und damit auch Deiner Identität gänzlich bewusst und nannte die Menschen Brüder und Schwestern. Er nannte Euch so, weil Ihr es wirklich und wahrhaftig seid. Du bist Bruder, Schwester des Gottessohnes, weil auch Du Sohn und Tochter des All-Einen bist.

Nun ist es an der Zeit, ein grundsätzliches Missverständnis in Bezug auf das menschliche Ego auszuräumen, das in neuerer Zeit viel Kummer über den spirituell Suchenden bringt. Es entspricht der Fehleinschätzung Deiner Gesamtwesenheit, das menschliche Ego in Bausch und Bogen zu verteufeln und zum schlimmsten Feind Deiner Spiritualität zu erklären.

Ego ist zum ärgsten Feind Gottes, zu Seinem schlimmsten Widersacher im Kampf um die menschliche Seele erhoben worden. Ego gilt als Saboteur jeglicher wahren Gotteserfahrung und Verursacher aller Untat, derer ein Menschenwesen fähig sein kann. Mit anderen Worten: Das Ego ist sozusagen der Teufel im Menschen, der Teufel in *Dir*, den es um jeden Preis zu bekämpfen und zu überwinden gilt.

Dies alles mag in gewisser Weise stimmen und dennoch stimmt es auch wiederum nicht. Es ist, wie so oft, eine Frage der Ebene, von der aus Du die Dinge betrachtest. Gerade hier liegt ein fundamentaler Denkfehler verborgen, der Dich geradewegs in Deine eigene Egofalle lockt: Das Göttliche hat keinen Feind. Gott hat keinen Gegenpol. Alles-was-Ist hat kein Gegenteil.

Das Absolute kann keinen Gegenpol haben, sonst wäre es nicht absolut. Alles-was-Ist *ist*, was sein Name sagt und kann per Definition seiner allumfassenden Natur keinen Feind oder Gegenspieler haben. Gott kann sich selbst nicht Feind sein.

Der Mensch ist nicht aus der Wahrnehmung seiner Einheit mit Gott gefallen, gestürzt oder vertrieben worden, weil er ihrer unwürdig ist. Er ist aus dem bewussten Gewahrsein des All-Einen *hervorgetreten*. Es war Gottes Wille, es war der Wille Gottes, der auch *in Dir* ist. Der Mensch wurde nicht aus dem Paradies vertrieben, er hat es ›bewusst vergessen‹, um sich selbst als das Paradies zu erkennen. Das ist Alles-was-Ist, wie Er sich ewig neu erschafft und sich selbst erkennt in dem, was Er schon immer war und sein wird. Da alles Teil von Ihm ist, kann niemals etwas gegen Gottes Willen geschehen, denn was alles *ist*, das ist auch *jeder* Wille.

Alles-was-Ist kann nicht gegen sich selbst sein. Der sogenannte Sündenfall, der Austritt aus dem Einheitsbewusstsein, ist göttlicher Schöpfungsplan, sonst könnte er niemals sein. Die Geburt des Ego ist die Geburt des Glaubens an das Böse.

Dieser Glaube liegt in der Natur des Ego selbst, er *ist* die Essenz des Ego und das größtmögliche Missverständnis des Menschen. Ego ist des Menschen *Miss-Verständnis* seiner selbst. Etwas, das sich selbst als potenziell böse und unvollkommen wahrnimmt, kann seine eigene Geburt unmöglich als positives, freudiges Ereignis feiern und muss sich selbst, wie auch seinen Schöpfer, schließlich fürchten. Gott selbst hat das Vergessen seiner selbst zum Zwecke der Selbsterfahrung erschaffen. Im Sinne der Evolution ist Dir die Möglichkeit der *Wahl* und somit die Fähigkeit, in dieser Weise zu denken und zu fühlen gegeben. Anders ausgedrückt: Du hast die freie Wahl der Selbstwahrnehmung und damit die Fähigkeit zum Irrtum über Dich selbst.

Ego *ist* gottgewollt, sonst könnte es unmöglich Wesensaspekt Deiner Gesamtpersönlichkeit sein. Alles-was-Ist will *alles*, was ist. Wie könnte es sonst sein? Wer sonst hätte es erschaffen können?

Aus Dir selbst heraus kannst Du nichts erschaffen, da alle Schöpferkraft aus Ihm ist. Es gibt kein ›Aus-Dir-selbst-Heraus‹, es gibt nur Alles-was-Ist. Ego ist heiliges Werkzeug Gottes, erschaffen zur zeitweiligen Verhüllung Deiner ewigen Wirklichkeit. Ego ist Fehlwahrnehmung und damit auch dasjenige, was die Wahl der rechten Wahrnehmung ermöglicht.

Das Ego ist das Geschenk des Vergessens, geschaffen, die Gnade der Rückbesinnung zu ermöglichen.

Ego lebt von dem Glauben, Gottes Willen zuwiderhandeln zu können. Ego *ist* dieser Glaube. Gott spielt mit sich selbst in vollkommener Weise. So tappst Du, in gutem Glauben, der Teilaspekt von Dir, den Du Ego nennst, sei schlecht und müsse bekämpft werden, in Deine eigene Egofalle.

Du lebst in einer polaren Welt und kannst Dir die Abwesenheit von Dualität nicht vorstellen. Die Welt der Materie erschafft und nutzt Dualität zum Zwecke der Selbsterkenntnis. So hat die Dualität, die in Deiner Dimension nichts auszulassen scheint, auch eine duale Vorstellung und Wahrnehmung Deiner selbst hervorgebracht. Duale Wahrnehmung erlaubt ein absurdes Selbstbild von Gut und Böse. Jeder und jedes ist sich selbst naturgemäß das Maß aller Dinge.

Weil es unmöglich ist, irgendeinen anderen Maßstab anzusetzen als sich selbst, kann jedwede Bewusstseinsform immer nur ein Gottesbild erschaffen, das das eigene Selbstbild spiegelt. Wir wissen: Nichts kann jemals sich selbst übersteigen. So musste es unausweichlich zu einem Gott kommen, der nicht allmächtig ist, sondern einen dualen Gegenspieler hat, ein Gegenteil, einen Feind.

Die Vorstellung eines Teufels, der sich einem dann wohl doch nicht so allmächtigen Gott in den Weg stellt, war geboren. Nur der, der sich selbst wahrnimmt als ein Wesen, das Gottes Willen untergraben kann, ist fähig, sich einen Gott vorstellen, der einen mächtigen Rivalen hat. Dieser illusionäre Satan ist die abstruse äußere Version der inneren Egoillusion.

Wenn das Böse, das Ego, der Widersacher des Göttlichen im Menschen ist, dann muss der Teufel der große Widersacher Gottes sein. Niemand kann der Wahrnehmung seiner selbst entfliehen und sie nicht nach außen projizieren. Der Mensch hat das absolute, das allumfassende Wesen Gottes nicht verstanden. Wo Spaltung und Dualität sind, kann das Absolute nicht als Einheit wahrgenommen werden. Gott hat kein Gegenteil. Dualität ist Spaltung, Ausschluss des einen zugunsten des anderen.

Spaltung ist Illusion, Mittel und Werkzeug zum Zweck der Erkenntnis. Spaltung führt zur Erkenntnis von Einheit, denn alle Wirklichkeit ist jenseits jeglicher Dualität. Gott ist das Helle *und* das Dunkle, das Große *und* das Kleine, das Sichtbare *und* das Unsichtbare, das Gute *und* das Böse. Gott ist das ›Ich-Bin‹ in allem, was ist.

5. Ein-Sicht

Der Kampf der Giganten

Wie man einen Schattenboxkampf gewinnt

Meine liebe Freundin, mein lieber Freund, wer glaubt, Dualität sei eine Art Fluch, der auf Euch lastet und Eure Welt regiert, hat das machtvolle Prinzip dieses göttlichen Werkzeugs nicht verstanden und den Segen, der in ihm liegt, nicht erkannt.

So wie die Egoillusion, die ihr entspringt und sie begünstigt, so ist auch die Wahrnehmung von Spaltung ein großartiges und heiliges Geschenk Gottes an sich selbst. Spaltung ist ein Geschenk unermesslicher Liebe an Dich. Dualität ist vollkommenes Mittel zum göttlichen Zweck der Erkenntnis. Die Einheit erkennt sich selbst als das, was sie ist, durch die Spaltung. Dualität überwinden heißt heilen, heil werden, ganz sein.

So wie das Gute im Bösen ist, so ist das Böse im Guten. Wie könntest Du ›gut‹ erkennen, wie könntest Du es definieren, wenn Du nicht ›böse‹ kennst? Wie könntest Du es *fühlen*? Ohne das Böse kann das Gute nicht als gut erkannt werden. Ohne das Böse wäre das Gute Unwissenheit über sich selbst.

Du erkennst und definierst Dich selbst in Deinem Sein durch das, was Du nicht zu sein glaubst. In der Einheit der göttlichen Wirklichkeit bist Du jedoch alles gleichzeitig, beide Seiten, beide Aspekte. Gott ist *alles* und es kann *nichts* geben, das Er nicht ist. Weil sich Dir alles, was Du in dieser Dimension wahrnimmst, gespalten darstellt, solltest Du Dich dieses vollkommenen Werkzeugs freudig bedienen und die Dualität als eine zu Deinem höchsten Wohle eingesetzte Wahrnehmungsform ehren. Dualität ermöglicht Dir die Manifestation des freien Willens. Sie ermöglicht Dir Wahl und damit die Erkenntnis Deiner selbst.

Was immer der Mensch an Gottes Schöpfung verabscheut und verurteilt, das hat er nicht begriffen. Duale Wahrnehmung ist, genau wie das Egokonzept, kein Hemmnis auf dem Weg zu höherer Erkenntnis, sondern heiliges Mittel zum göttlichen Zweck.

Wenn Du weiterkommen willst, musst Du Deine feststehenden Wertvorstellungen und Urteile über Dich selbst überdenken. Du musst Deine eingefahrenen und begrenzten Vorstellungen von Gut und Böse auf eine höhere Ebene verschieben. Nichts verändert Deine Wahrnehmung grundlegender als die Erweiterung und Verschiebung Deiner Gut-Böse-Vorstellungen. Warum ist das so? Weil Du Dir selbst nicht entfliehen kannst. Du kannst nichts und niemanden mit einem anderen Maß messen als Dich selbst. Niemand entkommt sich selbst. Du kannst immer nur mit ein und demselben Wertesystem umgehen, mit Deinem eigenen. Das ist vollkommene göttliche Gerechtigkeit.

Du kannst Dich selbst nicht überlisten, das ist völlig unmöglich, wenn es auch noch so sehr danach aussehen mag. *Du* bist das Maß aller Dinge. Im Urteil über Dich selbst beurteilst Du Gott und alles, was Du als außerhalb Deiner selbst existierend wahrnimmst.

Im Urteil über andere sprichst Du Dir immer Dein eigenes. Du bist das Maß aller Dinge.

Wie wir gesehen haben, kannst Du Dir selbst niemals entfliehen. Dies ist die göttliche Garantie dafür, dass Deine wahre Natur ewig in Sicherheit bleibt und niemals bedroht werden kann durch die Fehlwahrnehmung Deiner selbst.

Weil dem so ist, ist Dich selbst zu lieben und Deinen Nächsten zu lieben ein und dasselbe. Wenn Du dies verstehen willst, dann kannst Du nun, ohne Furcht vor Dir selbst, Deinen ungetrübten Blick mit Sanftmut Deinem Ego zuwenden.

Ego ist weder böse noch gut: Ego *ist* einfach. *Du* bist einfach. Du bist das ›Ich-Bin‹, hervorgegangen aus Alles-was-Ist und dennoch gänzlich in Ihm. Von diesem neutralen Ausgangspunkt aus kannst Du es wagen, Dich selbst vollkommen neu zu bewerten. Wenn Du Dich entschieden hast, die unbegrenzte Allmacht des Göttlichen anzuerkennen, dann hast Du auch verstanden, dass es nichts geben kann, das nicht gottgewollt wäre.

Von dieser Last befreit, kannst Du Dich endlich Deinem Ego ohne Schuldgefühle zuwenden und es Dir genauer anschauen. Ist es nicht eine große Erleichterung für Dich zu erkennen, dass Du *so wie Du bist* vollkommen Gottes Plan entsprichst? So wie Du *jetzt* bist, bist Du ein großartiger Teil des schöpferischen Evolutionsprozesses. Dein Ego ist keine Fehlschöpfung, es ist göttliche *Absicht. Du* bist göttliche Absicht und Du bist es *jetzt*, denn der Weg und das Ziel sind ein und dasselbe.

Du entsprichst der göttlichen Ordnung und die Tatsache, dass Du es nicht erkennst, ist Teil dieser Ordnung. Es ist im wahrsten Sinne des Wortes *in Ordnung*, dass Du Dich als ein von Deinem Schöpfer getrenntes Wesen wahrnimmst, *scheinbar* fähig, seinem Willen nicht zu entsprechen. Vielleicht entscheidest Du jetzt, liebevoll auf das zu schauen, was Du als Dein Selbst wahrnimmst.

Da ist niemand, der erwartet, dass Du Dich selbst verdammst.

Alles-was-Ist erkennt Dein Ego, Deinen Glauben an eine Existenz außerhalb der Einheit als das, was es ist: ein Irrtum. Dein Ego, so aufgebläht es auch sein mag in seiner Arroganz, ist doch nur Illusion, Fehlwahrnehmung. Es ist der höchstmögliche Gipfel der Vermessenheit, an eine von Alles-was-Ist getrennte Existenzfähigkeit zu glauben. Sich außerhalb Gottes zu wähnen, bedeutet nichts weniger, als sich als ein *gott-los-es* Wesen wahrzunehmen und da Alles-was-Ist absolut ist, kann niemals etwas sein, das da gottlos wäre.

Ego ist gottgewollte Fehlwahrnehmung, eingesetzt zum Zweck der Wahlfreiheit, welche die Möglichkeit der Wahrnehmungskorrektur impliziert. Nichts kann jemals sein, was nicht sein darf, was nicht sein soll, was nicht sein *will.* Dein Ego mag noch so sehr glauben, Du könntest Gott durch Ungehorsam gegen seinen Willen bedrohen, doch Gott anzugreifen ist und bleibt ewig völlig unmöglich. Gott kann nicht bedroht werden, weil nichts außerhalb von Ihm existiert.

Dein Ego, Dein Glaube an Sünde, ist nur die Illusion, dass Du es könntest. Illusion jedoch ist nicht wirklich und was nicht wirklich ist, kann die Wirklichkeit nicht bedrohen. Das Wesen der Illusion ist die Abwesenheit von Wirklichkeit und damit die Abwesenheit von Macht.

In gewisser Weise bist Du wie ein kleines, verängstigtes Kind. Das Kind ›träumt‹, es habe das beste Porzellan seiner Mutter zerschlagen. Es erkennt nicht, dass dieses Porzellan unzerbrechlich ist. Das Kind, das Du bist, träumt so lebhaft, dass es seinen Alptraum mit der Wirklichkeit verwechselt und ihm Realität zuspricht.

Die Mutter aber, die zwischen Traum und Wirklichkeit unterscheiden kann, sieht mit unendlich liebevollem Blick auf ihr Kind und *weiß*, dass es gar nichts zerstört hat. Sie weiß, dass ihr geliebtes Kind das gar nicht *kann*. So sehr das Kind auch in seinem Schuldgefühl darauf beharrt, es habe furchtbare Verwüstung angerichtet, die Mutter sieht ewig nur die Wahrheit.

Das Kind wähnt sich böse, schuldig und unvollkommen und fürchtet in seiner Selbstverdammnis den Zorn und ewigen Liebesentzug seiner Mutter. In seinem illusionären Schuldwahn und seiner Selbstverachtung geht das verängstigte Kind so weit, imaginäre Scherben aufzusammeln, die es vor sich selbst und ihr zu verstecken sucht. Keine Mühe ist ihm zu groß, dem gefürchteten Zorn und der erwarteten Strafe der Mutter zu entkommen. Und so verhüllt der Mensch sein Antlitz in Schamesröte vor seinem Schöpfer und hofft, vielleicht durch einen letzten Akt der Gnade seiner gerechten Strafe entfliehen zu können. *Das* ist Ego.

Ego ist Glaube an Trennung. Glaube an Trennung bewirkt Angst vor Gott und damit Angst vor Dir selbst. Niemand kann ein Geschöpf fürchten, ohne dessen Schöpfer zu fürchten.

Ebenso überträgt sich die Furcht vor dem Schöpfer unausweichlich auf seine Schöpfung. Wer würde furchtlos die Frucht einer giftigen Pflanze essen wollen und wer würde die Pflanze nicht für das Gift in der Frucht verantwortlich machen? Angst vor Gott und Dir selbst ist die Hölle, die Hölle in Dir, denn nichts kann jemals außerhalb sein. Die Bedingungslosigkeit Gottes unendlicher Liebe nicht zu erkennen, ist die einzige Hölle, die es jemals geben kann. Sie ist nur in Dir selbst und entbehrt jeder Wirklichkeit.

Dieses Gewahrsein von Trennung und Schuld ist nur ein furchterregender Traum. Es ist ein Alptraum, den zu träumen Du selbst gewählt hast, um in unermesslicher, unvorstellbarer, unendlicher Freude von Deinem Alptraum in die Wirklichkeit der allumfassenden Liebe Gottes erwachen zu können. Das ist die Rückkehr ins Paradies, die *bewusste* Wiedervereinigung von und mit Alles-was-Ist.

Das ist Gott, der sich selbst in Deiner menschlichen Persönlichkeit erfahren und wiedererkannt hat. Das ist Gott, der sich neu erschafft im Gewahrsein seiner selbst. Das ist Evolution, ewige unendliche Ausdehnung der Selbstwahrnehmung.

Wissend, dass ihr über alles geliebtes Kind niemals wirklich in Gefahr schwebt, überlässt es die Mutter seinem Traumzustand, den es selbst gewählt hat, bis es zu erwachen bereit ist. Liebevoll überwacht sie seinen Schlaf und stupst es hie und da sanft an, um zu sehen, ob es seinem Alptraum ein Ende zu machen gewillt ist. Ihre unermessliche, allumfassende Liebe zu sich selbst, die gleich der Liebe zu ihrem Kinde ist, verbietet ihr, ihrem Kind den lebensspendenden Schlaf zu rauben. Niemals würde sie es gegen seinen Willen aufwecken, kennt sie doch die heilsame Wirkung des Schlafes. In grenzenloser Liebe, die keinen Zwang und keine Ungeduld kennt, erwartet sie freudig sein Erwachen in die erlösende Wirklichkeit.

Dein Ego ist Dein Glaube an Unvollkommenheit. Die Wahrnehmung von Unvollkommenheit impliziert die Wirklichkeit von Sünde, denn nur wo Unvollkommenheit gesehen wird, ist Sünde möglich. Das Konzept der Sünde ist nichts anderes als eine verzerrte Wahrnehmung der gottgegebenen Willensfreiheit und damit Deiner *Berechtigung* zur freien Wahl.

Wenn es Sünde geben kann, kann es Gott nicht geben. Wenn Sünde *wirklich* ist, kann Gott nicht allumfassend und damit allmächtig sein. Die Wirklichkeit von Sünde schließt die Existenz Gottes aus, denn das würde bedeuten, dass es etwas geben kann, das *nicht* Teil Gottes wäre.

Wenn es denn so etwas wie Gotteslästerung geben könnte, dann wäre die einzige Gotteslästerung, die Du begehen könntest, der Glaube, Du könntest Gott lästern. Das Gedankenkonzept der Sünde hat außerhalb des Egokontextes keinen Sinn und keinerlei wirkliche Substanz. Die allumfassende Natur von Alles-was-Ist macht Sünde vollkommen unmöglich. Du erkennst Deine göttliche Natur, die Deine einzige Wirklichkeit ist, wenn Du anerkennst, dass Sünde Illusion ist, nichts als Irrtum über Dich selbst.

Sünde ist Illusion, nichts als Irrtum über Dich selbst.

Mein lieber Freund, meine liebe Freundin, wir haben unsere fünfte Einsicht *Der Kampf der Giganten* genannt. Die erste Voraussetzung für einen Kampf ist naturgemäß die Anwesenheit von mindestens zwei sich feindlich gegenüberstehenden Kontrahenten. Nur dort ist Kampf, wo zwei widersprüchliche Energien aufeinanderprallen. In dieser Dimension, wo kein Prinzip ohne Gegenpol vorstellbar ist, müssen wir denn auch nicht lange nach dem Gegensätzlichen suchen: Wenn Dein Ego in Deinem selbst inszenierten Lebenskrimi der Bösewicht ist, dann ist Dein Höheres Selbst der ehrbare Gesetzeshüter. Damit wären die Fronten erst einmal geklärt und der Kampf um ewige Glückseligkeit und Errettung Deiner Seele kann in die erste Runde gehen. *(Anm. der Verfasserin: Scherzhaft gesagt).*

Diesem Grundprinzip folgend stellt sich der Mensch die Sache mit der spirituellen Entwicklung vor, die dann in der großen Erleuchtung ihren endgültigen Höhepunkt findet – irgendwann, in einer weit entfernten Zukunft. Doch gerade das, was Du durch dieses Konzept zu überwinden suchst, erhältst Du. Bevor wir diesen grundlegenden Zwiespalt menschlichen Seins näher betrachten, sollten die Begrifflichkeiten geklärt und definiert werden.

Was und wer Du wirklich bist, haben wir bereits klargestellt. Wenn Du es nicht mehr weißt, weil Du zu ›vergessen‹ beschlossen hast, so ändert das doch nichts daran, dass ewig wahr bleibt, was ewig wahr ist.

Weil die letztgültige Wirklichkeit ewig unbedroht bleibt, ist Deine wahre göttliche Natur allzeit in vollkommener Sicherheit. Mit anderen Worten: Du kannst noch so tief in die Egoillusion sinken und vergessen, wer Du bist, Gott in Dir vergisst es *niemals*. Die große Mutter verwechselt niemals den Traumzustand mit der Wirklichkeit, sie schläft nie. Du magst Dich noch so sehr in Bezug auf Dich selbst irren, Gott in Dir, Dein Höheres Selbst, ist der Aspekt Deiner Gesamtpersönlichkeit, in dem Irrtum völlig unmöglich ist. Die Wirklichkeit ist nicht abhängig davon, dass Du ihrer gewahr bist und sie anerkennst: Die Wahrheit über Dich ist ewig unveränderlich.

Ego ist dem Irrglauben verfallen, Du und die ganze Schöpfung seien zwar vor langer Zeit von einem Gott erschaffen worden, jedoch aus einer ganz anderen Substanz hervorgegangen als die seine, ausgestattet mit einer Art von Lebensfähigkeit, die unabhängig von Ihm ist. Das ist Ego, das ist Menschsein. Nicht einen Menschen gibt es in der Welt, der nicht in der einen oder anderen Weise dieser Wahnvorstellung erlegen ist.

Du erlebst Dich selbst, in dieser wie in jeder anderen Welt, entsprechend Deinem Glauben bezüglich Deiner selbst. Was Du über Dich selbst glaubst und wie Du Dich wahrnimmst, entspringt und entspricht dem Grad Deiner Selbsterkenntnis.

Umgekehrt bestätigt Dir Deine Selbsterfahrung die Glaubensvorstellungen in Bezug auf Dich selbst und Deine Welt. Du erlebst Dich selbst und Deine gesamte Außenwelt entsprechend Deinen Glaubensvorstellungen, die Deinen Willen ausdrücken. So erschaffst Du Dich selbst und Deine Erfahrungswelt entsprechend Deinem Willen. Dies stellt die Dir gegebene göttliche Schöpferkraft sicher.

Du *bist* Ego. Du bist *auch* Ego, aber Du bist nicht *nur* Ego. Du bist ein Wesen, sich ausdrückend und erkennend als Gedanken- und Gefühlsenergie. Du bist Gedanke und Gefühl in Bewegung. In Gedanken- und Gefühlsbewegungen verschaffst Du Dir Information über Dich selbst und erkennst Dich als seiendes Wesen. Du bist ein wunderbares, komplexes Energiekonglomerat. Nie *hattest* Du Gedanken und Gefühle, Du *bist* Gefühl und Gedanke. Jenseits des Ego bist Du weitaus mehr als das, Deine Intuition ist Dir Beweis, dass dem so ist und sie ist es, die Dir bestätigt, dass Dein Sein jenseits dieser eingeschränkten Selbstwahrnehmung unabhängig ist von Deinem Denken und Fühlen. Du bist Geist von Gottes Geist, Bewusstsein von seinem Bewusstsein. Denken und Fühlen sind göttlicher Seinszustand und Selbstausdruck.

Aber Du hast vergessen, dass Du Geist von seinem Geiste bist. Gott selbst fügte das Vergessen in wundersamer Weise zur ewigen Freude lustvollen Wiedererkennens seiner selbst. Jetzt kannst Du akzeptieren, dass Ego nicht negativ ist, kein göttlicher Fehlversuch.

Vielleicht entscheidest Du Dich, es willkommen zu heißen als gottgewollte Facette Deines Seins. Vielleicht willst Du jetzt erkennen, wie selbstverachtend und zerstörerisch es ist zu glauben, das Ego, *Du*, müsste bekämpft und zerstört werden, um zu Gott zu finden. Es entbehrt, wie bereits gesagt, nicht einer gewissen Vermessenheit zu glauben, Gott könne sich in Bezug auf Dich irren und Du wüsstest es besser, denn es ist genau das, was Du tust, wenn Du glaubst, irgendein Aspekt Deiner selbst sei verwerflich.

In dieser Erkenntnis braucht es kein Todesurteil mehr über das Ego: Diese Erkenntnis ist sein Todesurteil.

Nun, es hat im Laufe der Menschheitsgeschichte, entsprechend der Selbsterkenntnisstufe, immer wieder neue Konzepte und Formulierungen für das Göttliche im Menschen gegeben. In heutiger Zeit wird der Aspekt des Menschen, der sich seiner Göttlichkeit vollkommen bewusst ist, meist als Höheres Selbst bezeichnet.

Worte sind aus sich selbst heraus völlig bedeutungslos. Das Erfreuliche an dieser Redewendung liegt in der Tatsache, dass der Begriff ›Selbst‹ den göttlichen Wesensanteil mit dem menschlichen zu einer Einheit verschmilzt. Die Formulierung macht, zumindest rein verbal, deutlich, dass es sich um ein und dieselbe Wesenheit handelt. ›Selbst‹ kannst Du nicht haben, sondern nur *sein*. Dies beweist einen enormen Bewusstseinssprung und bezeugt die beginnende ›Wiederauferstehung des Herrn am dritten Tage‹, die nichts anderes ist als die Bewusstwerdung des Göttlichen in Dir selbst in diesen besonderen Zeiten. Der Begriff impliziert jedoch, dass es sich um eine Instanz handelt, die Dir übergeordnet ist, was in gewisser Weise ein Widerspruch in sich selbst ist, denn kein Wesen kann sich selbst übergeordnet sein.

Was Dir selbst über- oder auch untergeordnet ist, kann nicht Teil Deiner selbst sein. Du bist, was Du bist, oder aber Du bist es nicht. Was immer Dir übergeordnet ist, das bist nicht Du, das muss etwas außerhalb Deiner selbst sein. Dieses Absurdum fällt den wenigsten Menschen auf und dem ist so, weil Ihr wie so oft die Ebenen verwechselt. Ihr identifiziert Euch nicht mit Eurem Höheren Selbst. Ein weiteres Mal verwechselt Ihr Haben und Sein. Du *hast* kein Höheres Selbst, du kannst es niemals haben –

Du bist Höheres Selbst.

Das ist, was Du wirklich bist, Deine wahre Identität jenseits Deiner Irrtümer und Fehlwahrnehmungen über Dich selbst. Dein Höheres Selbst, Dein Göttliches Du, ist Dein Wissen um die Wahrheit. Dieser Aspekt Deiner selbst *ist* das Gewahrsein Deiner ewigen Einheit mit Alles-was-Ist. Dein Göttliches Du ist all das, was in Dir wirklich und somit ewig ist. Es ist von grundlegender Bedeutung, dass Du Dir der Ebenen bewusst bist und die Verwechslung vermeidest, damit Du Dir nicht selbst ein Bein stellst.

Haben ist Illusion, nur Sein ist real. »... Ach, ich bin ja so schlecht und unvollkommen, aber da war doch noch was, ich habe ja zum Glück noch ein Höheres Selbst!«

Menschen stellen sich das Höhere Selbst gerne vor wie eine kuriose Art von kleinem Männlein, das in ihrem Hinterkopf sitzt, irgendwo, gut verborgen und zu ihrem Leidwesen ziemlich schwer zugänglich. Ganz weit unten, in den Tiefen der Psyche haust es, führt eine gewisse Art von unabhängigem Eigenleben und ›treibt sein Wesen‹. Dabei scheint es Euch, übrigens zu Recht, unendlich erstrebenswert zu sein, es zu erreichen, ist dieses Höhere Selbst doch Euer ganz persönlicher Kummerkastenonkel: Sprechstunde rund um die Uhr, sozusagen von höchster himmlischer Stelle dazu abkommandiert, Euch jederzeit in Euren niederen irdischen Belangen beizustehen. *(Anm. der Verfasserin: Scherzhaft gesagt).*

Die ganze Situation entbehrt nicht einer gewissen Tragik. Durch die eben angesprochene Verwechslung der Ebenen entsteht eine absurde Situation: Anstatt dass der Mensch durch das Bewusstsein seines Höheren Selbst zu mehr Selbstliebe und Selbstvertrauen findet, bewirkt es unter Umständen das genaue Gegenteil. Im ›Angesicht Gottes‹ fühlt Ihr Euch noch unwürdiger, unfähiger und machtloser.

Diese bedauerliche Fehlwahrnehmung wird geklärt und erlöst, sowie der Mensch erkennt, dass er nicht Besitzer oder Träger eines Höheren Selbst ist, also dass er nicht etwa ein Göttliches in sich *hat*, sondern dass er es *ist*. Diese Einsicht eröffnet Dir einen völlig neuen Zugang. Sowie Du die Dinge von der Haben- auf die Seinsebene verschiebst, bewirkst Du wahre Wunder in Dir. Die logische Folge Deiner Wahrnehmungskorrektur sind Selbstliebe und Selbstvertrauen. Wer seinem Höheren Selbst vertraut, vertraut *sich selbst* und erkennt Selbstvertrauen und Gottvertrauen als ein und dasselbe.

Selbstvertrauen und Gottvertrauen sind dasselbe.

Im ureigensten Sinne ist Dein Göttliches Du sehr viel realer als Dein Ego. Ego, mit all seinen Eigenschaften, die Du ihm zuschreibst, verändert sich mit jeder Inkarnation, wenn auch sein Zweck immer derselbe bleibt. Dein Ego, mit den Eigenschaften, wie es sich Dir jetzt darstellt, hat nur befristete Gültigkeit.

Der göttliche Aspekt Deiner Gesamtwesenheit ist jedoch ewig unveränderlich und gültig. So wie er *jetzt* ist, so war er immer schon und so wird er allzeit sein. Nur was ewig ist, ist ewig gültig und ist es, im göttlichen Sinne, überhaupt.

Wenn Dich ein ungutes Gefühl dabei beschleicht, Dich so vorbehaltlos mit Gott zu identifizieren, solltest Du Dir darüber im Klaren sein, dass genau das Dein Ego ist, das Deinen Glauben an die fiktive Trennung zwischen Dir und Deiner Quelle um jeden Preis aufrechterhalten will. Das Überleben des Ego hängt davon ab, diesen Glauben an Abspaltung zu erhalten und dementsprechend straft es Dich Lügen, wenn Du die Identifikation mit Deinem Höheren Selbst ins Auge fasst. Das Argument, das an dieser Stelle ins Feld geführt wird, ist die Erinnerung an Deine vermeintliche Bedeutungslosigkeit. Mehr braucht es im Allgemeinen nicht und Du fühlst Dich wieder ganz eins mit Deinen selbstverachtenden Egovorstellungen. Vielleicht denkst Du, es irgendwann in weit entfernter Zukunft, wenn Du endlich ein ›guter‹ Mensch geworden bist, erneut zu wagen, den Gedanken an Deine Größe zuzulassen. Gott kann sich selbst nicht lästern und so gehst Du Dir selbst in die Falle: Immer und ausnahmslos ist es das Ego, das angreift. Die Illusion greift die Wirklichkeit an. *Dein* Ego greift *Dich* an. *Du* greifst *Dich selbst* an.

Das Ego führt Dich an der Nase herum, indem es Dich glauben macht, es sei Dein Beschützer und Retter. Es macht Dich glauben, es sei das Beste in Dir. Von Deiner eigenen Minderwertigkeit und Unwürdigkeit überzeugt, will Ego um jeden Preis ›gut sein‹. Und genau das macht Dich zu Deinem Richter. Wie kann das, was Dich richtet, gut sein?

Wie kann richten, was gut ist? Nur was liebt, ist gut und was liebt, das richtet nicht.

Was Dich richtet, verschleiert und verzerrt Deinen Blick auf Dich selbst und Deine wahre Natur. Dieser Schatten Deiner selbst birgt immer Unheil.

Jedes Wesen wird immer das erschaffen und wahrnehmen, was seinen eigenen Glaubenssätzen über sich selbst entspricht. Niemand kann sich selbst entfliehen und so wird immer dasjenige Deine Realität bestimmend hervorbringen, was Du als Wahrheit über Dich selbst akzeptierst. Das Göttliche in Dir kennt dieses Streben nach Güte nicht.

Dies mag Dich nur deshalb wundern, weil Du den allumfassenden Charakter Gottes nicht erfassen kannst. Was *alles* beinhaltet, muss nicht irgendeinen Aspekt seiner selbst beweisen. Es muss nichts beweisen, weil es nichts ausschließt. Das Göttliche *ist* gut und es *weiß*, dass es gut ist. Gut-Sein ist jenseits von Gut-sein-Wollen. Gut-Sein ist ein Zustand, es ist Dein natürlicher Seinszustand. Gut-Sein *ist*, Gut-sein-Wollen hingegen bedeutet, Güte in die Zukunft und damit außerhalb der Wirklichkeit zu verlagern. Es setzt Bedingungen voraus, die *scheinbar* im Hier und Jetzt nicht gegeben sind. Güte bedeutet, Dich selbst und die Schöpfung liebend anzuschauen.

Die Anerkennung Deiner Göttlichkeit impliziert die Wahrnehmung Deiner Güte als natürliche Eigenschaft von Alles-was-Ist. Dieser Blick bedingungsloser Liebe macht jede Bestrebung, irgendetwas ändern zu wollen, hinfällig.

Das Göttliche Du, das Gewahrsein Deiner Vollkommenheit, ist wahrhaft gut. Anders als das Ego braucht es keine Irreführungen, es lebt durch, aus und von der Wahrheit. Es ist sich Deiner wahren Essenz, die nur die Liebesessenz Deines Schöpfers sein kann, vollkommen bewusst. Es umfasst das gesamte Wissen um Deine wahre Identität und Deine letztgültige Wirklichkeit.

Als *bewusster* Teil des Schöpfers ist das Göttliche Du sich selbst genug, schließt es doch nichts aus. Gott in Dir genügt sich selbst und deshalb kannst *Du* ihm nur genügen. Nur Dein Ego gaukelt Dir vor, dass Du nicht ›genug‹ bist.

Genüge Dir selbst und Du erkennst, dass Du Gott genügst.

Was nichts ausschließt, kann keine Bedürfnisse und keinen Mangel haben. Und so wird das Göttliche Du jetzt und ewig immer nur ein und dieselbe Botschaft an Dich richten: »Du bist Ich, erkenne, dass Du Liebe bist!« Ego wird Dir immer sagen: »Ändere Dich!« Höheres Selbst jedoch sagt: »Liebe Dich!«

Ego sagt: »Ändere Dich!«
Höheres Selbst sagt: »Liebe Dich!«

Und so stehen sich im Menschen zwei Konzepte gegenüber, wie sie gegensätzlicher nicht sein können: Ego kontra Höheres Selbst.

Natürlich hat diese Vorstellung nichts mit der Wirklichkeit zu tun. Das Göttliche, auch das Göttliche in Dir, hat kein Gegenteil. Das Absolute kann kein Gegenteil haben, weil es naturgemäß alles einschließt. Wir haben festgestellt, dass das Überleben des Ego von Deinem Glauben an Abspaltung und damit an Minderwertigkeit abhängt.

Wenn Du aus Deinem Höheren Selbst heraus denkst und fühlst, weißt Du es besser. Das Göttliche Du, das Gotteserbe in Dir, weiß um sich selbst und um seine Wirklichkeit. Das Höhere Selbst ist die Wahrheit in Dir, die sich selbst als Wahrheit *erkennt*. Hier ist der wichtigste Dreh- und Angelpunkt an der ganzen Sache: Das Göttliche Du ist Wirklichkeit, das Ego aber ist Illusion. Das Höhere Selbst weiß, dass es Wirklichkeit ist, das Ego jedoch *glaubt*, es sei wahr und erkennt nicht die eigene illusorische Natur. Wie könnte es das auch? Was sich selbst als unreal erkennt, hört auf zu sein. Es wäre sozusagen Egoselbstmord. Weil das Ego aber nicht *wirklich* existiert, kann auch sein Untergang nur Illusion sein, und was als scheinbare Katastrophe anmutet, ist in Wirklichkeit Erlösung und Erlösung in die Wirklichkeit.

Das Höhere Selbst fürchtet das Ego nicht. Warum sollte es? Es weiß, dass dieser ›Feind‹ nicht real ist.

Das Göttliche Du ist jenseits jeglicher Furcht. In Gott ist es ewig sicher, jenseits jeglicher Bedrohung, denn Gott ist sich seiner selbst ewig sicher. Nur das Ego fürchtet Dein Gotteserbe, weiß es doch, dass es in Wirklichkeit nur ›einen Herrn geben kann‹. Und so ist der ›Kampf der Giganten‹ im Grunde eine sehr einseitige Sache. Das Göttliche kennt keinen Angriff, keine Verteidigung und keinen Feind. Was könnte es zu bekämpfen geben für den, der weiß, dass er Teil ist von Alles-was-Ist?

Der ständige Kampf, der den Menschen sein Leben lang auszehrt und zermürbt, ist nichts anderes als völlig zwecklose Angriffe des Ego auf die Gotteswahrnehmung. Dabei ist das Ego ein wahrer Meister im Verdrehen der Wahrheit und Verschieben der Ebenen. So stärkst Du oftmals das Ego gerade dann am meisten, wenn Du glaubst, es zu schwächen und in seiner Macht zu begrenzen. Das Göttliche wird Dir niemals gebieten, das Ego zu *bekämpfen*. Das Göttliche legt Dir ans Herz, das Menschliche zu *lieben*. Mit Liebe und nur mit Liebe transmutierst Du es. Mit Liebe transmutierst Du *Dich*. Liebe transmutiert *alles*. In Liebe erkennt sich die Illusion als Illusion und überführt sich selbst der Wahrheit. Der einzige Weg, irgendetwas zu verändern, ist, es zu lieben.

»Zu jeder Stunde kannst du dich
selbst erkennen: Wage es, die Quellen
deines Wollens zu erforschen.«
Walther Rathenau

6. Ein-Sicht

Wo ein Wille, da ein Schöpfer

Die geistigen Mechanismen der Erschaffung von Erfahrung

Meine liebe Freundin, mein lieber Freund, wenn Du jetzt erkannt hast, dass nicht die geringste Notwendigkeit besteht, Dich zum Zwecke höherer Erkenntnis (selbst)mordlüstern auf Dein Ego zu stürzen, dann hast Du die tückischste der Fallgruben enttarnt, an denen Du auf Deinem Weg zu Dir selbst vorbei musst.

Mit dieser Erkenntnis hast Du den Bann des Ego gebrochen und es wahrhaft entmachtet, denn das, dem Du Dich widersetzt, erhältst Du. Das, wogegen Du Dich stellst, erfüllst Du mit Kraft und verleihst ihm Macht dadurch, dass Du es anerkennst. Es ist Deine Anerkennung der Dinge, die ihnen Energie verleiht. Oder, um es mit Christi Worten zu sagen, »Widerstrebe nicht dem Übel!«.

Willst Du Dein Ego entmachten, musst Du aufhören, es zu bekämpfen. Willst Du Dich von ihm befreien, musst Du es *lieben*, dann musst Du *Dich* lieben. Was Dir hier wie ein verwirrender Widerspruch anmuten mag, ist in Wahrheit ganz logisch und plausibel:

Du bestärkst das, was Du bekämpfst.

Dem ist so, weil Du ein schöpferisches Wesen bist. Du bist von Deinem Schöpfer nach seinem Bilde erschaffen, das heißt, Er hat Dich sich gleich gemacht und somit mit seiner eigenen gestaltenden Macht ausgestattet.

Du verfügst über göttliche Schöpferkraft, Du *bist* göttliche schöpferische Energie. Schöpferkraft definiert sich durch die Fähigkeit zu erschaffen, Du kannst gar nichts anderes als erschaffen. Wie ›tust‹ Du das?

Nun, es gibt nur eine Art und Weise, zu erschaffen. Alle Schöpferkraft kann nur von Gott kommen. Du erschaffst so, wie Dein Schöpfer Dich erschuf: Du erschaffst kraft Deines Seins, Deines *Bewusst-Seins*: Denken ist Erschaffen. Was Du denkst ist, was Du willst. Du willst und erschaffst das, was Du zu denken entscheidest. Denken ist erschaffen, *realisieren, verwirklichen*. Dein Denken entspricht und entspringt Deiner Selbstwahrnehmung. Sie ist es, die entscheidet, was und wie Du denkst und fühlst und somit erschaffst.

Deine Selbstwahrnehmung, also Dein Glaube über Dich selbst, bestimmt Dein ganzes Denken und Fühlen. Aus diesem Grunde manifestieren sich die Dinge so, wie Du über Dich denkst. Wie Du aber über Dich selbst denkst, wie Du Dich wahrnehmen willst, steht Dir völlig frei, es unterliegt Deinem freien Willen.

Du erschaffst mit Willenskraft.

Es gibt kein anderes schöpferisches Prinzip und niemals ist irgendetwas anders erschaffen worden, als durch Willenskraft. Etwas wollen heißt, es beabsichtigen, es mit schöpferischer Energie erfüllen. Was Du mit Energie ausstattest, was auch immer es sei, das erschaffst Du, denn Deine Energie hat gestalterische Macht. Wenn Du denkst und fühlst, setzt Du die Energie Deines Bewusstseins in Bewegung und Energie zu bewegen, ist Leben einzuhauchen.

Dasjenige, worin Du Deine Energie investierst, drückst Du kraft Deiner Gedanken- und Gefühlsmacht in den Ausdruck. Du kannst gar nicht anders. Solange Du Dich auf etwas konzentrierst, also Deine Aufmerksamkeit darauf fokussierst, erschaffst Du es ständig neu, Du erhältst und bekräftigst es. Was auch immer Du mit Aufmerksamkeit bedenkst, dem verleihst Du Realität. Das ist die göttliche Schöpferkraft, die Dir als Teil von Alles-was-Ist ganz natürlich gegeben ist.

Der Mensch ist sich seiner großartigen Macht des Erschaffens nur sehr bedingt bewusst. Der Weg zurück in die Einheit mit Gott, zurück in Deine natürliche, ewige Heimat, ist unabdingbar verknüpft mit der Erkenntnis und Anerkennung der eigenen Schöpferkraft und, in der logischen Konsequenz, mit der Übernahme der Verantwortung. Der Weg der Selbsterkenntnis eröffnet sich dem Menschen durch das Gewahrwerden seiner eigenen Macht.

Durch das, was Du bewirkst, erkennst Du,
was Du bist.

Entsprechend dem, was Du zu sein *glaubst*, bewirkst Du, denn niemand kann jemals sich selbst übersteigen. Dies ist die große Wechselwirkung, denn wie innen, so außen und wie außen, so innen. Das Erkennen der eigenen schöpferischen Macht ist untrennbar geknüpft an das Gewahrwerden des Göttlichen in Dir. Das Ego weiß nur zu gut, dass das Anerkennen Deines göttlichen Erbes seine Entmachtung einläutet. So tust Du in der Regel alles, um Dich weiterhin von Deiner Machtlosigkeit zu überzeugen und Dich unter der tyrannischen Kontrolle der Opferillusion zu halten.

In dem Maße, in dem Du zur Anerkennung Deiner Macht erwachst, nimmst Du dem Ego den Wind aus den Segeln. Das Ego ist ein wahrer Meister der Täuschung und, wie wir gesehen haben, wird es immer versuchen, Dir jeden Anspruch auf Macht als hochmütige Auflehnung gegen göttliche Autorität auszulegen. Wir werden später jedoch noch sehen, dass Gottes und Dein Wille eins sind.

Das Göttliche Du wird Dich immer dazu ermutigen, Dein schöpferisches Erbe anzutreten. Nur das Ego widersetzt sich göttlicher Macht, indem es Dich glauben machen will, Du seiest nicht etwa Schöpfer, sondern Opfer. Jeder Irrtum und jede Täuschung wird sich jedoch irgendwann im Lichte der Wahrheit auflösen, denn die Vergänglichkeit ist das Wesen der Illusion.

Die Blindheit des Menschen für seine eigene Schöpferkraft liegt in der Substanz der materiellen Erscheinungswelt begründet. Sie gaukelt Dir vor, Du seiest außerhalb von allem anderen und führest eine getrennte, eigenständige Existenz. In der grobstofflichen Dichte Deiner Dimension ist es nicht offensichtlich, dass Du Teil von alledem bist, das scheinbar außerhalb von Dir ein ebenso eigenständiges und getrenntes Dasein führt wie Du. Doch alles ist eins, Teil von Dir selbst, in ewigem, komplexem Wechselspiel mit sich selbst.

Was Gewissheit ist, legt sich Dir ganz offen zutage, sowie Du bereit und gewillt bist, die Wahrheit über Dich selbst zu erkennen und Deine Macht bewusst zu ergreifen, die schon immer die Deine war. Ihr seht Euer wahres Wesen und damit Eure Macht nicht und verirrt Euch in Fehlschöpfungen. Ihr erkennt nicht, dass Ihr selbst Euch Eure Wirklichkeit erschafft, ganz einfach aus dem Grunde, weil Ihr es nicht glauben *wollt*. Wenn Du Dich gegen die Wahrnehmung Deiner Macht entscheidest, kannst Du nur Opferwahrnehmung erwarten, denn sie ist die einzig mögliche Kehrseite der Medaille. Du siehst und erfährst, was Du zu sehen und zu erfahren erwartest. Was Du erwartest, ist das, was Du willst und somit erschaffst, denn

Erwartung ist Glaube, dass es so ist.
Was Du als Realität anerkennst, das erschaffst Du.

Glaube erzeugt Wahrnehmung und Wahrnehmung bestätigt Glauben. Du kannst nicht wahrnehmen, was Du nicht glaubst. Was Du nicht für möglich hältst, entzieht sich einfach Deiner Wahrnehmung wie auch Deinen schöpferischen Möglichkeiten. Alles, was Deinem Glauben und somit Deinem Bild, das Du Dir von Dir selbst geschaffen hast, zuwiderläuft, ist einfach aus Deinem Wahrnehmungsbereich ausgeschlossen – und sei es noch so real vorhanden.

Nichts ist so selektiv wie die menschliche Wahrnehmung. *Was* sie jedoch ein- und ausschließt, unterliegt einzig und allein Deinem freien Willen. Auch das ist logische Konsequenz Deiner uneingeschränkten göttlichen Macht, denn Dein Wille ist unüberwindlich.

Du kannst Dich selbst nicht hinters Licht führen und Du kannst *niemals* über Dich selbst hinaus. Das Göttliche kann niemals gegen seinen eigenen Willen verstoßen. Nur was Du für möglich hältst, kann es auch für Dich sein. Was Du für möglich hältst, hängt maßgeblich davon ab, wie Du Dich selbst wahrnimmst. Es steht Dir frei zu glauben, was immer Du glauben willst, und es somit zu ermöglichen. Je intensiver und *selbstverständlicher* Dein Glaube an die Möglichkeit, desto größer die Wahrscheinlichkeit des physisch erfahrbaren Ausdrucks. Es ist das Selbstverständliche, dasjenige, das Du nicht anzweifelst und infrage stellst, das Du am mühelosesten manifestierst.

Glaube + Wunsch = Wille.

Im Unwissen um seine eigene Identität verwechselt der Mensch Ursache und Wirkung. Nun, zumindest sind wir uns einig darüber, dass es für alles eine Ursache geben muss, ein verursachendes Prinzip, einen Urheber. Nichts kann jemals im ›luftleeren Raum‹ entstehen, alles hat seinen Grund, seinen Ursprung.

Nur Gott selbst hat seine Wirklichkeit jenseits aller geistigen Gesetze, ist Er doch selbst seine eigene Ursache und Wirkung. Diese Wahrheit übersteigt menschliches Fassungsvermögen, denn Dir ist jede denkbare Wirkung ohne Ursache unvorstellbar. Wo erschaffen wurde, muss es einen Schöpfer geben. Wie schon des Öfteren gesagt, verwechselt der Mensch die Ebenen und diesmal verwechselt er Ursache und Wirkung.

Die Tatsache, dass Du Dir Deiner wahren Identität nicht bewusst bist, ist für diese Umkehrung verantwortlich. Weil Du Dich selbst als klein, unbedeutend und vor allem als machtlos erfährst, bist Du verblendet und durchschaust die göttlichen Prinzipien nicht. In dem Maße, in dem Du zur Erkenntnis Deiner selbst erwachst, enthüllt sich Dir Deine Macht in entsprechend offensichtlicher Deutlichkeit. In Unklarheit über die zugrunde liegenden Zusammenhänge erschaffst Du sozusagen ›blind‹ drauflos, ohne zu erkennen, dass Du selbst es bist, der die Dinge hervorbringt. Du tust es, ohne zu wissen, *wie* Du es tust, weil Du nicht weißt, *dass* Du es tust. Das Resultat Deiner Bemühungen ist auf individueller Ebene Dein persönliches Leben und auf kollektiver Ebene Eure Welt, so wie sie sich Dir und Euch allen darstellt. Und somit wären wir wieder bei unserem ursprünglichen Ziel – der Lösung Deiner Probleme. Du kannst es nicht?

Nun, mein lieber Freund, meine liebe Freundin, da war einer, der übers Wasser ging. Wie war das möglich? Es war möglich, weil Er *wusste*, dass Er es kann. Wie konnte Er das wissen? Weil Er wusste, *wer* Er *ist*.

Du kannst nur wissen, was Du kannst, wenn Du weißt, wer Du bist.

Du selbst oder genauer gesagt, Dein menschlicher Aspekt wird immer versuchen, jede Verantwortung für Dein Leben und Deine Welt abzulehnen. Das Ego will sich selbst als Opfer sehen: gut, aber hilflos und ungerecht behandelt. Ein ›feiner Kerl‹ in einer bösen Welt, das ist die ›Lieblingsrolle‹ des Ego. Und so erfährt der Mensch die Dinge sozusagen seitenverkehrt: Du erlebst Dich selbst und Dein Leben so, als ob Du Opfer gewisser äußerer Umstände seiest, Dinge *geschehen* einfach, Du machst unerfreuliche Erfahrungen.

Weil Du diese schmerzlichen Erfahrungen als ›von außen kommend‹ und von Dir selbst getrennt erlebst, ist es erst einmal logisch, dass Du entsprechend darauf reagierst, das heißt, Du bringst sie nicht in direkte Verbindung mit Dir selbst. Du siehst den kausalen Zusammenhang nicht, verlagerst sie und distanzierst Dich somit von ihnen. Dir ›passieren‹ Dinge und Du reagierst in Deinen Augen angemessen, indem Du die Geschehnisse nicht unmittelbar als ›selbstgemacht‹ empfindest.

Die erste, nachhaltigste und folgenschwerste Reaktion auf diese Vorkommnisse ist die, dass Du sie einordnest. Du bewertest sie. Du erlebst diese Dinge als Erfahrungen, die Du entsprechend ihrem Inhalt überprüfst und in Dein Glaubenssystem einordnest. Jede Wiederholung und damit Erneuerung einer Erfahrung bestätigt und erhärtet Deinen dementsprechenden Glauben. So sind Deine Erfahrungen schließlich in Stein gemeißelte Beweise für die Richtigkeit Deiner Glaubenssätze.

Für das Ego zeichnet die Welt, also alles außerhalb Deiner selbst, verantwortlich für die Aktion und Dein Leben, alle Deine Gedanken, Gefühle und daraus resultierenden Handlungen, sind nur Re-Aktion auf diese Aktionen. Deinem Ego zufolge muss es so sein, da es – wir erinnern uns – an Trennung glaubt. Ego zufolge bist Du ein Einzelwesen, völlig getrennt von allem anderen und umgeben von einem Universum, das mit Dir selbst in keinerlei direkter Verbindung steht seit dem Tage, an dem Du aus ihm hervorgegangen bist.

Viele Menschen erwachen in diesen Zeiten zum Bewusstsein ihrer selbst und damit zur Übernahme ihrer gottgegebenen Macht. Die Zeit und die Menschheit sind reif für die Anerkennung der Wirklichkeit. Immer häufiger erkennen Menschen, dass ihre Wahrnehmung im wahrsten Sinne des Wortes ›verkehrt‹ war.

Des Menschen Licht leuchtet hell, wenn er sich entscheidet, seine gottgegebene Verantwortung zu übernehmen. Dieser mutige Richtungswechsel, die Übernahme der eigenen Verantwortlichkeit, bedeutet nichts anderes, als den Blick auf sich selbst und die Welt durch Gottes Augen zu wagen und damit das Ego zu entmachten. Und so wenden wir uns denn endlich von der Illusion ab und sehen die Dinge, wie sie wirklich sind.

Unmittelbar verschieben sich die Ebenen und alles sieht vollkommen anders aus: Du bist reine schöpferische Energie, die Du *bewusst* einsetzt und in eine Dir dienliche Richtung lenkst. Nun entscheidest Du selbst über die ›Inhalte‹ Deines Geistes, Du entscheidest selbst, was Du glauben willst und was nicht. Du entscheidest selbst, *was Du bist* bzw. bis an welchen Punkt Du Dir Deiner Göttlichkeit gewahr sein willst.

Dein Glaube entscheidet allzeit über Deine Erfahrungen und nicht umgekehrt.

Mein lieber Freund, meine liebe Freundin, solltest Du Dich dazu entschließen, Deinem göttlichen Erbe zu vertrauen, wird Dein Leben nie wieder so sein, wie es war. *Du* wirst es nie wieder sein. Nie wieder wirst Du Dich selbst als hilfloses Opfer der Umstände empfinden wollen. Nichts weniger als das ist der Würde Deiner wahren Identität angemessen.

Die Anerkennung der eigenen Macht erfüllt Dich mit großer Angst. Obwohl Du der Tyrannei dadurch ein Ende machst, alle Handlungsfreiheit zurückgewinnst und damit alle Möglichkeiten, die Dinge zum Guten zu wenden, fürchtest Du Dein wahres Selbst in seiner ganzen Größe. Dies mag auf den ersten Blick unlogisch erscheinen, ist der Gewinn doch offensichtlich, aber Menschen sind es nicht gewohnt, Verantwortung zu übernehmen, und fürchten sie aus gutem Grund.

Dieser Furcht liegt erneut eine Verwechslung der Ebenen und damit eine Wahrnehmungsverzerrung zugrunde: Ihr verwechselt Verantwortung mit Schuld. So selbstverständlich für den Menschen das eine mit dem anderen einhergeht, so wenig hat diese unselige Assoziation mit der Wirklichkeit der Dinge zu tun. Schuld ist irreal und eine abstruse Egoversion des Verantwortungsprinzips. In Gott gibt es keine Schuld und nur im Selbstbild des Menschen, der sich nicht als Teil von Gott wahrnimmt, hat das Schuldprinzip einen Sinn.

So ist es erst einmal verständlich und nachvollziehbar, dass Du Verantwortlichkeit als bedrohlich und riskant erlebst. Das Konzept der Schuld impliziert das Konzept der Sühne und ist Urheber der Höllenillusion.

Wenn Du Dein Ego zum Schweigen bringst und mit göttlicher Sichtweise an die Dinge herangehst, ergibt sich ein völlig anderer Seinsbegriff und damit ein gänzlich neuer Handlungsrahmen. In Gott gibt es keine Schuld, weil es in Ihm kein ›Richtig‹ und kein ›Falsch‹ gibt. Wenn Du dies erst einmal akzeptieren willst, sei es auch nur rein hypothetisch, kannst Du Dich von der Angst vor Deiner Schöpferkraft und damit von der Angst vor Dir selbst distanzieren.

Da Du keine ›Fehler‹ machen kannst, also auch keine Sühne zu erwarten hast, kannst Du Dir erlauben, die gottgewollte natürliche Freude und Lust an der Macht zu ergreifen, die jedem Bewusstsein innewohnt. Jeglicher Schöpfungsimpuls, jede Kreativität, ja, alles Leben wäre ohne diese Freude an der Macht unmöglich. Freude an Macht ist Freude an Kreativität. Freude an Kreativität ist pure, reine Lebensfreude. Wenn Du nicht Opfer bist, dann musst Du Täter sein, an Dir selbst, wie auch an Deiner Außenwelt.

Allein die übliche Benutzung dieser Begrifflichkeiten erzeugt in Dir größtes Unbehagen, denn Du fürchtest Dein eigenes Werturteil und damit auch das der Welt. Du kannst Dir Verantwortlichkeit ohne Schuldfähigkeit nur schwerlich vorstellen. Und dennoch ist es so:

Du bist weder Opfer noch Täter. Du bist Schöpfer.

Verantwortlichkeit ist ein göttliches Seinsprinzip und liegt deshalb jenseits von Schuldkonzepten, die aus dem Ego kommen und somit illusorisch sein müssen.

Solange Du Dich als Opfer und ›Produkt‹ Deiner Lebenserfahrungen siehst, akzeptierst Du nicht die Inhalte Deines Geistes und damit, *Dich selbst* frei *wählen* zu können. Aus der Opferhaltung des Ego betrachtet erscheint Dir die Vorstellung befremdlich und unrealistisch. Die Sicht aus der Opferposition nimmt Deine Geistesinhalte nicht als Ursache, sondern als Folge Deiner Erfahrungen wahr. Wie gesagt, Du verwechselst die Ebenen. Du erlebst Dich selbst als ›feststehende Größe‹ und dem ist auch so, wenn auch in völlig anderer Weise, als Dir bewusst sein mag.

Die einzig ›feststehende Größe‹ Deiner selbst ist das Göttliche in Dir. Nur dieser Aspekt Deiner Persönlichkeit ist ewig, unveränderlich und wirklich. Immer wieder wird das Ego die gelebten Erfahrungen zum ›Beweis‹ der Gültigkeit Deiner Machtlosigkeitsillusion ins Feld führen. Doch *jede* Erfahrung ist unwiderlegbares Zeugnis Deiner göttlichen Macht. Nichts kann Dir jemals zustoßen, das nichts mit Dir zu tun hätte. Wenn Du die Dinge in dieser Weise wahrnimmst, dann ist dem nur deshalb so, weil Du Dich selbst nicht kennst. Deine mehr oder weniger vor Dir selbst verborgenen Glaubenssätze sind die Triebfeder, die Dich Deine Erfahrungen in eine gewisse Richtung lenken lassen.

Die materielle Welt hat das geistige Wesen, das allem Existenten innewohnt und zugrunde liegt, nicht verstanden. Alles besteht aus nicht physischer Energie, unabhängig davon, ob es sich materiell manifestiert oder auch nicht. Weil Dein Selbstverständnis auf der Physis beruht, bist Du Dir der Macht Deines Geistes, *Deiner* Macht, nur bedingt bewusst. Hier begegnet uns wieder die altbekannte Verwechslung der Ebenen: Du *hast* keine Gedanken und Gefühle, Du *bist* Deine Gedanken und Gefühle. Aus diesem Sein heraus erschaffst Du alles.

Wenn Du Deine geistige Natur nicht anerkennst und würdigst, kannst Du nicht zum Bewusstsein der Macht Deiner Gedanken und Gefühle erwachen. Was der Mensch mit physischen Sinnen nicht wahrnehmen kann, dem misst er nicht viel Wahrheitsgehalt zu und so huldigt er der Wirkung statt der Ursache.

Wie fühlt es sich für Dich an zu wissen, dass Deiner Fantasie, Deinen Träumen, Deinen Vorstellungen und Gedankenexperimenten genauso viel Realität und Gültigkeit zukommt wie materiellen Erscheinungsformen? Alles, was Du Dir vorstellen kannst, alles, was jemals in der Welt der Materie zum Ausdruck kam, jedes Ding und jedes Ereignis, vom größten bis zum kleinsten, vom wichtigsten bis zum nichtigsten, hat immer und ausnahmslos seine Ursache im Geistigen. Was Du davon wahrnehmen kannst, ist nur die winzige materielle Spitze des geistigen Eisbergs. Materie ist nichts anderes als verdichteter Geist, aber macht das sie wirklicher? Macht der Grad der Dichte sie gültiger oder mächtiger? Ist Wasser realer, wenn es gefroren ist, als in flüssiger Form oder etwa als Dampf? Wir haben festgestellt, dass Du mit Willenskraft erschaffst. Da es Dir freisteht zu glauben, was Du glauben willst, ist das, was Du glaubst das, was Du willst.

Das, was Du glaubst, ist das, was Du willst.

Nun, meine liebe Freundin, mein lieber Freund, Du magst Dich mit dieser Wahrheit schwertun. Du kannst nicht erkennen, dass Glauben und Wollen dasselbe sind. Genauso wenig wie Du erkennen kannst, dass Wollen und Können dasselbe sind. Das liegt einfach daran, dass Du Dich mit dem Ego identifizierst, das Dich von Deiner Machtlosigkeit überzeugen will. Vor allem aber liegt es erneut an einer Verwechslung der Ebenen: Du erschaffst immer und unfehlbar, was Du willst. Das, was Du *willst,* verwechselt Du mit dem, was Du Dir *wünschst.*

Gewiss spürst Du, dass genau hier der Dreh- und Angelpunkt Deiner Verwirrung sitzt und der Grund für Deine Unfähigkeit, Deine Probleme zu durchschauen. Wollen kommt aus dem Göttlichen. Alles Wollen kommt von Gott, weil alle Macht von Gott ist. Wollen kommt aus Deinem Höheren Selbst, aus dem Teil Deines Wesens, der ganz selbstverständlich um Deine Macht weiß. Als integraler Teil des Allmächtigen kann Dir *niemals* etwas gegen Deinen Willen geschehen. Das Göttliche in Dir wird immer sicherstellen, dass Du nicht gegen Deinen Glauben und damit gegen die Wahrnehmung Deiner selbst erschaffst. Dein freier Wille ist ewig unantastbar, weil Deine göttliche Integrität es ist.

Das Wünschen spielt sich jedoch auf einer ganz anderen Ebene ab, weil es einer anderen Quelle entspringt. Wünschen ist Sache des Ego. Hier ist seine Spielwiese, auf der es sich nach allen Regeln der Kunst austobt. Das Wünschen entspringt also einer illusorischen Quelle. Wünschen heißt, etwas zu ›wollen‹ ohne das Wissen um Dich selbst. Wünschen ist ›Wille *entgegen* Deinem Glauben über Dich selbst‹. Wünschen kann nur illusorisch sein, denn es ist Wille ›ohne Urheber‹. Wie könnte etwas sein ohne verursachendes Prinzip?

Wünschen ist Wille entgegen Deinem Glauben über Dich selbst. Wünschen ist Wille ›ohne Urheber‹.

Dir ist *alle* Macht gegeben, auch die, Dir zu erschaffen, was Du Dir wünschst. Wir werden an späterer Stelle noch näher darauf eingehen. Schöpferkraft ist Dir soweit gegeben, wie Du sie anerkennst und sie Dir somit zu eigen machst. Du kannst unmöglich mehr Macht haben, als Du haben *willst*. Wenn Du Deine schöpferische Macht nicht anerkennen willst, kannst Du sie unmöglich nutzen und sie Dir bewusst zu eigen machen. Und so ist alles eine Frage der Selbstwahrnehmung und der Selbsterkenntnis.

»Der Mensch kann alles dadurch adeln,
seiner würdig machen, dass er es will.«
Novalis

7. Ein-Sicht

Wünsch Dir, was Du willst

Warum des Menschen Wille
sein Himmelreich ist

Meine lieber Freund, meine liebe Freundin, wir haben gesehen, dass ›Wollen‹ ein Prinzip ist, das dem Göttlichen entspringt, ›Wünschen‹ dagegen ist zutiefst menschlich. Wie wir ebenfalls festgestellt haben, ist und geschieht tatsächlich *immer* das, was Du willst.

Als göttlicher Energieaspekt, ausgestattet mit dem Attribut göttlicher Macht, könnte Dir tatsächlich nie und nimmer irgendetwas widerfahren, das nicht Deinem Willen entspricht. Das Ego ist solch abwegiger Vorstellungen fähig, weil es sich als von Gott getrennt erfährt. Dein Höheres Selbst aber, das Göttliche Du, ist sich Deiner gottgegebenen *Schaffens-Kraft* vollkommen bewusst.

Für das Höhere Selbst ist die Vorstellung von Machtlosigkeit ohne jeden Sinn. Aus Sicht des Göttlichen ›bekommst‹ Du *immer*, was Du willst, alles andere ist Fehlwahrnehmung. »Dein Wille geschehe, wie im Himmel, also auch auf Erden« ist Wahrheit von ewiger Gültigkeit. Weil es nur ein Alles-was-Ist geben kann, kann es auch nur *einen* Willen geben. Es ist unmöglich, dass jemals *sein* Wille nicht geschehe, denn alles ist Teil von Ihm. Wäre Gottes Allmacht nicht allumfassend, wäre sie nur partiell und Gott wäre nicht Gott. Das menschliche Ego hat die absurde Vorstellung von einem machtbeschnittenen Schöpfer hervorgebracht, dem es durchaus passieren kann, dass seinem Willen nicht entsprochen wird. Die Illusion der Machtlosigkeit, die sich in unerfüllten Wünschen und damit in Mangel niederschlägt, wird auf den Schöpfer projiziert.

Die ganze Sache entbehrte nicht einer gewissen Komik, wenn da nicht Kummer, Schuld und Angst die logische Konsequenz wären. Wird der Druck der Angst vor Gott zu groß, tritt das Ego in Aktion. Ausgerechnet die Instanz, welche die

Angst auslöst, scheint Rettung zu bringen: Der hinterlistige Verräter täuscht Treue vor, denn wo kein Ego Angst auslöst, wird die Absurdität jedes Rettungsbedürfnisses offensichtlich. Das Ego wird sich immer gegen die Verantwortungsübernahme sträuben und versuchen, die einzig gültige Wahrheit zu vertuschen:

Das, was ist, ist das, was Du willst.

Göttliche Schöpferkraft wirkt vollkommen, das heißt, sie wirkt wertungsfrei, jenseits aller menschlich-irdischen Vorlieben, Abneigungen, Moral- und Wertvorstellungen.

Das schöpferische Prinzip wirkt absolut neutral und in vollkommener Synchronizität und Harmonie mit Deiner Selbstwahrnehmung. Du kannst Dir selbst weder entfliehen noch Dich bestechen. In Deinen Schöpfungen spiegelst Du immer ganz Dich selbst, denn in Gott ist jeder Irrtum über sich selbst gänzlich ausgeschlossen.

Das Ego hat zahllose Wünsche und die meiste Zeit verbringt der Mensch damit, sich in seiner Fantasie vorzustellen, wie es wohl wäre, wenn ein gütiges Schicksal ein Einsehen hätte und sie ihm erfüllen würde. Die übrige Zeit hadert er mit eben diesem ungerechten Schicksal oder mit einem unerbittlichen Gott. Dabei müht und schuftet er sich redlich ab nach Leibeskräften. Umsonst. Meistens. Hier und da hat man dann doch ›Glück‹ und es gibt von Gott ein Trostpflästerchen. Nein, nicht den Jackpot, aber immerhin einen Trostpreis. *(Anm. der Verfasserin: Scherzhaft gesagt).*

Nun, die menschlichen Wünsche und Sehnsüchte sind sich bei aller Individualität doch auch sehr ähnlich. In allen

Lebensbereichen strebt der Mensch nach dem, was er sich unter Werterfüllung vorstellt, entsprechend seiner Selbsteinschätzung. Deine erlebte Realität sieht jedoch in einem oder mehreren dieser Lebensbereiche anders aus: Liebesbeziehungen haben die unangenehme Tendenz zu scheitern, Geld hat die unerfreuliche Neigung zu entwerten und der biologische Körper hat die fatale Tendenz zu erkranken. Überhaupt ist alles und jedes vergänglich, es rostet, vergeht, zerfällt, stirbt. Wer kann das wollen? Wer kann wollen, dass ein Leben oftmals mehr Frust als Lust ist?

Wir haben gesehen, dass Du Deine Realität erschaffst kraft Deiner Glaubensvorstellungen, die sich in Deinen Gedanken und Gefühlen niederschlagen. Kein Mensch wird ernsthaft behaupten wollen, dass Mangel erstrebenswert sei. Nun, wenn jeder Mensch die Macht hat, seine Realität nach seinem Willen zu erschaffen, sollte es doch in dieser Welt keinen Mangel an irgendetwas geben. Der Mangel jedoch, den Du in Deinem persönlichen Leben wie auch in der Welt wahrnimmst, ist *in Dir*. Nur dort kann er sein und nur von dort kann er kommen und sich im Außen manifestieren. Die Dynamik des schöpferischen Prozesses wirkt vollkommen neutral, *ursachengetreu* und unbestechlich, ansonsten wäre Selbsterkenntnis nicht möglich.

Würde der Wunsch die Welt formen, so würde das bedeuten, dass das Ego real ist und recht hat. Dies wäre wahrhaft fatal, denn Du könntest folglich kein unbedrohlicher Teil Deines Schöpfers sein. Gott in Dir sei Dank, ist dem nicht so.

Das Ego kann, außer Wünschen und Sich-machtlos-Fühlen, gar nichts, es hat keine schöpferische Substanz. Machtlosigkeit kann nur machtlos *sein,* denn dadurch definiert sie sich. Du magst Dich auf der bewussten Ebene Deiner Wünsche nach einem sorgenfreien Leben sehnen, wenn Du nicht sorgenfrei *bist*, kannst Du es unmöglich erschaffen. Es ist eine Frage der Entscheidung. Nur was in Dir *ist*, kann sich manifestieren und das tut es immer und ausnahmslos.

Du bringst im Außen immer Dich selbst hervor. Was Du wünschst, manifestierst Du als Wunsch und damit platzierst Du es außerhalb von Erreichbarkeit und Erfüllung. Was Du *bist*, manifestierst Du exakt und in völliger Synchronizität mit Deinem Inneren. Wunschenergie kannst Du nur als Wunsch manifestieren, denn der Wunsch definiert sich selbst durch sein Nichtsein im Hier und Jetzt. Wenn Du ›in‹ Wunschenergie *bist*, kannst Du kein anderes Resultat im Außen erwarten.

Willst Du etwas ›haben‹, dann musst Du es sein.

Wenn Du Dir Deine Beziehung mit und zu Dir selbst anschaust, kannst Du Dir auf die Spur kommen. Wenn Du nicht dahinterkommst, wieso in einem gewissen Themenbereich Deines Lebens Mangel statt Fülle herrscht, dann *übersiehst* Du Dich selbst. Du übersiehst die von Dir, durch Dich und an Dir gesetzte Ursache. Es mag Dir schwerfallen, ohne Schuldgefühl und Selbstverachtung auf Deine inneren ›Mängel‹ zu schauen, die sich Dir im Außen so schmerzlich zeigen. Hier kannst Du sie nicht mehr verleugnen, da Du sie im Außen erfahrbar gemacht hast.

Sei Dir bewusst, dass das Wort Mangel einfach auf ein Nichtvorhandensein, eine Abwesenheit, hindeutet. Nichts anderes besagt es: Mangel bedeutet *nicht*, dass etwas Schlechtes vorhanden ist, sondern nur, dass etwas *nicht* vorhanden ist. Dieses Konzept definiert lediglich einen Selbstwahrnehmungsirrtum und hat nichts mit Schuld oder Wertbeschneidung zu tun. Der Irrtum besteht einzig und allein in der Verleugnung, dem Nichterkennen, der vorhandenen inneren Fülle in diesem speziellen Bereich.

Wenn Du im Mangel bist, bist Du der für Dich allzeit verfügbaren Fülle nicht gewahr. Das Göttliche ist unbegrenzt und so bist auch Du es. Fülle ist göttliches Attribut und göttliche Natur. Sie ist somit allgegenwärtig und Mangel kann nur dort real erlebt werden, wo die Fülle nicht erkannt wird.

Du kannst nicht erschaffen, was Du nicht willst, denn wenn Du etwas nicht erkennst, hast Du Dich *dagegen* entschieden. Du kannst nicht etwas wollen und es Dir gleichzeitig nicht zugestehen, denn das ist Wünschen. Was Du Dir innen nicht zugestehst, was Du nicht als Teil von Dir anerkennst, kann auch im Außen nicht Dein sein.

Es gibt für Dich keine Begrenzung außer der, die Du Dir selbst auferlegst.

Du glaubst, was Du zu glauben entscheidest. Du bist, was Du zu sein entscheidest. Deine Selbstwahrnehmung ist maßgeblich dafür verantwortlich, was zu glauben und damit zu erschaffen Du beschließt.

Glaubst Du, Fülle zu verdienen? Glaubst Du, Fülle zu *sein*? Bist Du Dir der Größe, Heiligkeit und Würde Deiner Göttlichkeit bewusst? Bist Du nicht in Fülle, dann weißt Du nicht, wer Du bist, denn es kann *nichts* geben, das Du nicht verdienst. Erinnere Dich: Wenn Du etwas haben willst, musst Du es sein. Was Du zu sein entscheidest, ist das, was Du *in Dir* anerkennst.

Du kannst nicht mit der Außenwelt in Frieden sein, wenn Du es nicht mit Dir selbst bist. Du kannst nicht in der Außenwelt Liebe finden, wenn Du Dich selbst nicht liebst. Du kannst Deinen biologischen Körper nicht im Gleichgewicht haben, wenn Du in Dir nicht ausgewogen bist. Du kannst keinen äußeren Reichtum anhäufen, wenn Du Deinen inneren verleugnest und nicht würdigst.

Niemand anderer hält die Fülle von Dir fern und Du erkennst Deine Macht nicht, wenn Du die Verantwortung dafür in die Außenwelt verlagerst. Die grenzenlose Gnade Gottes in Dir stellt allzeit sicher, dass Du Dir selbst niemals ›entlaufen‹ kannst. Die Wirklichkeit Deiner göttlichen Macht kann auch bei aller Verleugnung durch das Ego niemals außer Kraft gesetzt werden. So ist Dein irdisches Leben das getreuliche Spiegelbild Deiner Persönlichkeit. Deine Göttlichkeit garantiert vollkommen, dass Du *niemals* gegen Dich selbst erschaffen kannst.

Du kannst niemals gegen Dich selbst erschaffen.

Du kannst unmöglich im Außen eine Energie anziehen, die Du Dir im Inneren nicht zugestehen willst. Es geht nicht darum, Dir im Inneren etwas zu erschaffen, das nicht da wäre, sondern vielmehr darum, zu erkennen, dass es in Dir vorhanden ist.

Es geht nicht darum, Dich zu *verändern*, sondern darum, die Wahrnehmung Deiner selbst zu *erweitern*. Da Du Teil bist von Alles-was-Ist, kann es unmöglich etwas geben, das nicht in Dir vorhanden und auch Teil von Dir wäre. Es gibt keine andere Form der ›Veränderung‹ als die Erweiterung der Selbstwahrnehmung.

Wenn Du Dein Leben und Deine ganz persönlichen Umstände ganz genau unter die Lupe nimmst, kannst Du sehr viel über Dich erfahren. Du kannst die Fährte Deiner Persönlichkeit aufnehmen und Dir selbst auf die Spur kommen. Dann kannst Du vom Außen auf das Innen schließen, denn der Spiegel ist Dir gegeben, damit Du Dich selbst in ihm wiedererkennst als schöpferischer Teil der Einheit. An der Schöpfung erahnt sich der Schöpfer und gibt sich in ihr und durch sie zu erkennen: Das ist Dein ›Ich-Bin‹.

Es mag Dich beängstigen, die uneingeschränkte Verantwortung für Deinen Lebensausdruck zu übernehmen, und Dein Ego mag Dir vorgaukeln, Du fürchtest Deine Machtlosigkeit. Tatsächlich ist es aber die Macht, die Du fürchtest, weil Du Verantwortung noch nicht von Versagen und Schuld trennen kannst. Wenn Du Dir selbst in Deinem Leben nachspürst, wenn Du die Hintergründe aufdecken und erkennen willst, wieso Du Dir dieses oder jenes manifestierst, dann ist es Dir dienlich, Du beginnst bei den Umständen und Themen, die zu Deiner Zufriedenheit sind. Es ist Dir nicht geholfen, wenn Du Dich in Minderwertigkeits- und Schuldgefühlen verirrst. Damit erhärtest Du den Status quo, sind doch eben diese Irrtümer über Dich selbst Ursache Deiner Probleme.

Es geht nicht darum, Dich zu bewerten, zu verurteilen und zu ändern, das sind Egokonzepte. Es geht nicht darum, dass Du irgendetwas ›tun‹ musst, um ›anders‹ zu werden, weil Du so, wie Du jetzt bist, irgendwie nicht in Ordnung bist. Es geht einzig und allein darum, dass Du erkennst, wer Du bist, indem Du nachspürst, wie Du Dich selbst definierst. Es geht um die Anerkennung Deiner göttlichen Identität und der mit ihr verknüpften schöpferischen Macht.

Es geht nicht darum, irgendetwas zu tun, es geht darum, etwas zu sehen.

Das Göttliche Du *will*, das Ego-Du *wünscht*. Das Gewollte ist immer manifest, das Gewünschte ist es nie. Diese Diskrepanz zwischen dem, was Du willst, und dem, was Du wünschst, ist so lange ein existenzieller Grundkonflikt menschlichen Daseins, wie Du Dich nicht eins fühlst mit Deinem Höheren Selbst.

Das, was ist, ist, was Du willst, das, was Du gerne hättest, ist, was Du wünschst. Du kannst nur das wünschen, was nicht ist. Nur aus dem Gottesbewusstsein heraus kannst Du erkennen, dass das, was ist, dasjenige ist, was Du willst.

Um dieser Kluft zwischen dem, was ist, und dem, was gewünscht wird, zu begegnen, hat sich der Mensch einiges einfallen lassen: Er hat den Opfermythos erschaffen. Dieser besagt, dass Opfersein gut ist, und begründet eine absurde Verzerrung der gottgegebenen natürlichen Unschuld, die der gesamten Schöpfung innewohnt.

Wenn Du die Problematik logisch betrachtest, kommst Du unweigerlich zu dem Schluss, dass der ›Idealfall‹ immer dann gegeben ist, wenn das, was Du willst, mit dem, was Du wünschst, *identisch* ist. Dann ver*wirklich*st Du Deine Wünsche, die nunmehr nicht länger Wunsch, sondern erlebte Realität im Jetzt sind.

Nun, so selten geschieht das nicht einmal, ist es doch jedes Mal der Fall, wenn in Deinem Leben die Dinge zu Deiner Zufriedenheit sind. Falls Du jetzt Widerspruch einlegst und sagst, die Dinge laufen nie nach Deinem Willen, seiest Du an Deinen letzten Broteinkauf erinnert. Oder hast Du etwa keines bekommen? *(Anm. der Verfasserin: Scherzhaft gesagt)*. Solltest Du der Versuchung erliegen, diesen Beweis Deiner Schöpferkraft als nichtige Belanglosigkeit abzutun, dann erinnere Dich daran, dass das Göttliche vollkommen wertfrei, neutral und ursachengetreu wirkt. Aus Sicht Deiner Schöpferkraft gibt es keinen Unterschied zwischen wichtig und unwichtig, groß und klein oder einfach und schwierig zu manifestieren. Der wundervolle *Kurs in Wundern* erklärt diese universelle Wahrheit mit den Worten: »Es gibt keine Rangordnung der Schwierigkeit bei Wundern.«[5]

In all diesen Situationen sind Dein Wille und Dein Wunsch vereint, weil Dein Wunsch in Einklang mit Dir selbst ist. Die Energie des Wunsches ist dann stimmig mit Deiner eigenen, wenn Du keine innere Ablehnung oder Widerstände hegst. So der Wunsch Teil Deiner selbst ist, stimmig mit Deiner Selbstwahrnehmung, ist er Wille und spiegelt das Innere unfehlbar im Außen. Je tiefer ein Mensch sich seiner Gemeinschaft mit Gott und somit seiner schöpferischen Macht bewusst ist, umso selbstverständlicher und häufiger werden Wunsch und Wille identisch sein. Ein Wesen, das sich seines göttlichen Ursprungs *vollkommen* bewusst ist, kann in jedem Augenblick jeglichen Wunsch vollkommen manifestieren. Dann geht Menschenfleisch über Wasser und Ihr nennt das dann ein Wunder.

Nun ist es aber so, dass ein Bewusstsein an dem Punkt vollkommener Gottesschau keine Wünsche haben kann, denn wo ein Wesen Gott schaut, da ist kein Ego mehr. Was bliebe dem zu wünschen übrig, der vollkommen weiß, dass er Teil ist von Alles-was-Ist? Was alles *ist,* ›hat‹ alles und kann nichts brauchen.

Viele spirituelle Schulen beantworten den existenziellen Zwiespalt zwischen Wollen und Wünschen mit der schonungslosen Hetzjagd auf das Ego-Du. Obwohl dieser Denkansatz nicht einer gewissen menschlichen Logik entbehrt, folgt er einer völlig falschen Prämisse. Er kann nur ver*kehrt* sein, weil er eben diesem selben Ego entspringt, das da behauptet, angegriffen werden zu müssen. Nun, Ego weiß, was es tut, und würde sich niemals wirklich selbst angreifen. Das Ego-Du bedient sich eines raffinierten Täuschungsmanövers:

Das Ego wird Dir immer vorgaukeln, dass Du ›gut‹ werden musst, um zu verschleiern, dass Du es bist.

Die Anerkennung dessen, dass es da nichts gibt, das erst werden muss, weil es bereits ist und immer schon war, wäre das Ende des Ego. Wo göttliche Vollkommenheit erkannt ist, kann Ego nicht sein. Wenn ein Konzept auf Lieblosigkeit basiert, kann es unmöglich aus dem Göttlichen kommen. Was aber nicht aus dem Göttlichen kommt, kann auch nicht dorthin zurückführen. Lieblosigkeit kann *niemals* zur Liebe führen, so wie Krieg niemals zu Frieden führen kann.

Wenn Du Dich selbst angreifst und bekämpfst, schwächst Du Dein Ego nicht, sondern bestärkst es. Es ist

Dein Angriff, der dem Ego recht gibt. Du machst es gültig und bestätigst seine Inhalte, indem Du anerkennst, dass es da Anteile Deiner selbst gibt, die Angriff und Zerstörung verdienen.

Dein Göttliches Du wird Dich niemals angreifen, weiß es doch, dass da nichts ist, das angegriffen werden muss. Das Höhere Selbst sieht allzeit vollkommen klar: Was nicht wirklich ist, *muss nicht* angegriffen werden, was aber wirklich ist, *kann nicht* angegriffen werden. Dein Höheres Selbst ist das Bewusstsein Deiner Gottesnatur und sieht Dich allzeit als die reine Liebesenergie, die Du bist.

Egokonzepte sind immer absurd, weil Ego selbst absurd ist und jeder wirklichen Substanz entbehrt. Würdest Du von einem Verrückten einen weisen Rat erwarten? Niemals kannst Du zum Frieden Gottes in Dir gelangen, wenn Du gegen Dich selbst in den Krieg ziehst.

Hier wird die Täuschung des Ego ganz offensichtlich. Die Basis ist eine denkbar gottlose und so kann Lieblosigkeit gegen Dich selbst niemals zum Ziel führen. Mit Selbstangriff kannst Du immer nur das stärken, was Du loswerden willst, das Ego wird Dich immer in eine Sackgasse führen. Dein Göttliches Du wird Dein Ego-Du niemals angreifen. Warum sollte es? Wahrheit kann Irrtum nicht fürchten. Nie stärkt sich Ego nachhaltiger als mit der Vorspiegelung der Illusion, es sei richtig, es zu bekämpfen, um es schließlich zu überwinden. Erinnere Dich: Das was Du bekämpfst, erhältst Du, denn Du investierst Energie und erkennst somit seine Wirklichkeit an. Indem Du Ego bekämpfst, erschaffst Du es ständig neu.

Dein Höheres Selbst ist jenseits jeder möglichen Täuschung. Was nichts als Liebe ist, kann sich nicht täuschen.

Das Göttliche kann nur bedingungslos lieben und so liebt es jeden Aspekt Deines Wesens. In bedingungsloser Liebe löst sich Ego schließlich auf, die Illusion wird der Wahrheit überführt, denn was sich als Liebe erkennt, kann nicht länger Ego sein.

In der Liebe Gottes wird Ego transmutiert und in das wahre Selbst erlöst, das einzig wirklich ist. Das ist der Weg der Erkenntnis und er kann nur in Liebe gefunden werden, weil Liebe der Weg und die Erkenntnis *ist*. Mensch, bekämpfe Dich nicht selbst, liebe Dich selbst! Der Weg zurück in die göttliche Heimat kann niemals durch Kampf und Widerstand gegen Dich selbst führen.

Wenn Du zur Liebe willst, musst Du der Spur der Liebe in Dir folgen. Die Spur der Liebe in Dir ist die Spur der Liebe zu Dir.

Es ist widersprüchlich, sich selbst zu bekämpfen, um sich lieben zu können, denn Zweck und Mittel sind dasselbe. Es geht hier darum, dass Du Dir die Augen öffnest für das, was Du in Bezug auf Dich selbst tust.

Wenn Du ein Ziel erreichen willst, ist es völlig unsinnig, in die entgegengesetzte Richtung zu gehen. Es geht nicht um Richtig oder Falsch, Recht oder Unrecht, es geht um wer und was Du bist. Es geht um Deine schöpferische Macht und die Frage, in welche Richtung Du sie lenkst. Wenn Deine Überlegungen in eine Richtung von Selbstverurteilung laufen, tappst Du genau in die Falle, die zu enttarnen und umgehen hier bezweckt wird: Da das Göttliche niemals irgendetwas anderes ›tut‹, als zu lieben, kann hier nur Ego am Werke sein. Wo nicht Liebe ist, führst Du Dich selbst an der Nase herum und das Ego stärkt seine Position.

Du kannst Dich nicht selbst lieben, indem Du Dich zum Kamikaze überredest. Das kann niemals zum Ziel führen, denn Gleiches erschafft Gleiches und Lieblosigkeit kannst Du nie mit Lieblosigkeit überwinden. Du kannst Dein Ego nicht ›weghassen‹, Du kannst es nur ›gesundlieben‹. Nur mit Liebe heilst Du Dich ›in das Göttliche hinein‹.

Erinnere Dich, dass das Ego nichts anderes ist als ein Irrtum in Deiner Selbstwahrnehmung, ein Irrtum über Dich selbst. Es ist der Glaube an Trennung von Gott und somit der Glaube an Mangel und Schuld. Ist dieser Irrtum erkannt, wirst Du nicht ›weniger‹.

Die Erlösung des Ego ist keine Verminderung Deiner Persönlichkeit, sondern einfach eine Berichtigung Deiner Selbstwahrnehmung. Gott zerstört sich nicht selbst, Gott erkennt sich selbst. Egoauflösung ist nichts als eine Wahrnehmungskorrektur: Liebe ist alles, Liebe überwindet alles, Liebe verändert alles, Liebe erkennt alles, Liebe erneuert alles, Liebe transzendiert alles, Liebe erlöst alles, Liebe berichtigt alles,

Liebe heilt alles.

Wie wir gesehen haben, ist der Kampf gegen Dein Ego-Du nicht nur qualvoll, sondern vor allem völlig sinnlos. Der Weg zur Liebe Gottes kann unmöglich schmerzlich und freudlos sein, denn dies sind Egoattribute. Der Weg kann nur so sein wie das Ziel, denn der Weg *ist* das Ziel.

Du kannst Dich selbst niemals als Liebe erkennen, wenn Du Dich nicht liebst. Wie könntest Du das, wenn Du nicht tust, was Du bist?

Der Weg zur Anerkennung Deiner Göttlichkeit führt über die Anerkennung Deiner Menschlichkeit.

»Wenn die Götter einen bestrafen wollen,
erhören sie seine Gebete.«
Oscar Wilde

8. Ein-Sicht

Die Spiegelfunktion der Außenwelt

Warum Dein Schatten immer weiß, wo Du bist

Mein lieber Freund, meine liebe Freundin, wir haben gesehen, wie Du kraft Deines göttlichen Erbes, Deiner formbildenden Kraft, die Realität Deines Lebens erschaffst. Entsprechend Deinem Glauben über Dich selbst, Gott und das Leben erschaffst Du alles, was Dein Leben ausmacht. Wieso entsprechend Deinem Glauben über Dich selbst, Gott und das Leben?

Weil sie dasselbe sind. Deine Selbstwahrnehmung ist jedoch der Fokus, der über all Deine anderen Wahrnehmungen entscheidet. Alles, was Du siehst und erlebst, trägt den Stempel Deines Selbst-Bewusst-Seins und ist von ihm gefärbt und geprägt. Deine Art, *wie* Du die Dinge wahrnimmst, entscheidet darüber, *was* sie für Dich sind. Es geht also nicht nur um die Schaffung der Dinge als solche, sondern ebenso um Deinen Umgang mit ihnen. Was Du im Außen heilst, ist im Innen geheilt, denn alles, was jemals sein kann, ist geistigen Ursprungs. Alles entstammt ein und derselben Quelle, weil es nur eine Quelle gibt, alles ist Geist von einem Geiste.

Durch die Wirkungen Deines Schöpferpotenzials, also kraft der Manifestationen, die Du hervorbringst, wirst Du Dir schließlich Deiner selbst bewusst und erkennst Dich: Die bloße Tatsache, dass Du schöpferische Macht hast, bezeugt, wer Du wirklich bist. Die Art der Realität jedoch, die Du Dir kraft dieser Macht erschaffst, bezeugt, wer Du zu sein glaubst. Alles, was sich Dir darstellt, Dein ganzes Leben, ist ein getreuer Spiegel Deiner Selbstwahrnehmung. Du kannst nichts anderes erschaffen und hervorbringen als die exakte Abbildung Deiner selbst, niemand kann das. Dein Leben ist wie Dein Schatten und Du kannst niemals einen anderen Schatten hervorbringen als Deinen eigenen.

Die tiefe Missachtung des eigenen menschlichen Selbstwertes, in Unkenntnis dessen, wer und was Ihr seid, kann in Eurer Außenwelt nur Spiegelungen hervorbringen, die den entsprechenden Glauben bestätigen und ihm neue Nahrung verleihen. Das menschliche Ego hat in Dir und Deiner Welt wahrlich ganze Arbeit geleistet. Oft beklagst Du die Not und das Elend der ganzen Welt, leidest daran und siehst nicht, dass es nur Dein eigenes Leid und Elend sein kann, das Du da beweinst.

Mit ungehemmter Rücksichtslosigkeit begegnest Du oftmals Dir selbst, in blinder Verleugnung Deiner Würde als Kind und Teil Gottes. So viele Tage vergehen, Mensch, an denen Du nicht ein einziges gutes Wort für Dich selbst hast.

Was nicht innen ist, kann auch nicht außen sein. Jede physische Manifestation im Außen ist Spiegelung einer geistigen Gegebenheit im Innen. Geist ist göttliche Schöpferkraft und kann somit niemals *nicht* spiegeln, denn das würde bedeuten, dass Du wirklich von Gott getrennt bist – und das ist vollkommen unmöglich.

Der Mensch fürchtet nichts so sehr wie seine eigene Macht und tut alles, sie zu leugnen. Doch wie wir gesehen haben, fällt es Dir jenseits des Egokonzeptes von Strafe und Verdammnis sehr viel leichter, Dich Deiner Macht zu stellen. Die unvermeidliche Folge der ›Machtübernahme‹ ist wesentlich weitreichender in seiner Konsequenz, als Dir auf den ersten Blick bewusst sein dürfte.

In diesem Lichte betrachtet und vor dem Hintergrund der Eigenverantwortlichkeit wird jegliche Idee von Ungerechtigkeit sinnlos. Wenn Du für alles selbst verantwortlich bist, kann niemals irgendjemand oder irgendetwas ungerecht sein: Es gibt keine ungerechten Mitmenschen mehr, es kann keine ungerechten Lebensumstände geben, kein ungerechtes Schicksal und keinen ungerechten Gott. Was auch immer Dir widerfahren ist: Den Schierling hast Du Dir selbst in den Becher gefüllt.

Nun, im eigentlichen Sinne ist die eben erwähnte Machtübernahme gar keine, sondern lediglich ihre *bewusste* Wahrnehmung und Anerkennung dort, wo sie schon immer war. Wenn die illusorische Substanz des Glaubens an Ungerechtigkeit enttarnt ist, hat auch das Opferkonzept keine Existenzbasis mehr. Nur wo Willkür und Machthierarchie herrschen, kann es Opfer geben. Und wo es keine Opfer gibt, sind auch keine Täter. An und in Dir selbst wie auch an und in Deiner Welt bist Du beides gleichzeitig. Du kannst nur beides sein. Du bist Täter an Dir selbst und trägst die unvermeidbaren Folgen. Du bist Dein eigener Täter und Du bist Dein eigenes Opfer oder, korrekt formuliert,

Du bist keines von beiden, weder Täter noch Opfer:
Du bist Schöpfer.

Das Ego-Du, das sich mit Vorliebe und Wonne in Weltschmerz und Selbstmitleid ergeht, wünscht sich die Macht, die Dinge nach seinem Gutdünken zu verändern. Gleichzeitig will es jedoch die mit dieser Macht einhergehende Verantwortlichkeit von sich wälzen. So existiert das Ego nach dem Motto: »Wasch mir den Pelz, aber mach mich nicht nass!« Dies wäre ewige Egoherrschaft und somit ewige Verdammnis.

Bestreben des Ego ist nicht die Erkenntnis Deiner wahren Natur, sondern ihre Verschleierung. Göttliche Macht ist jedoch immer vollkommen und niemals partiell. Der Mensch ist im Begriff, zur Erkenntnis seiner schöpferischen Macht zu erwachen und beginnt, sich zu seiner formgebenden Kraft zu bekennen. In diesem relativ jungen Verständnis der Wahrheit kommt jedoch eine deutliche und keineswegs neue Verzerrung der Wirklichkeit zum Ausdruck: Es geht dem Menschen oft weniger um die Übertragung von Verantwortung, als vielmehr um die Aufbürdung von Schuld.

Hier lauert die Falle des Ego ein weiteres Mal, denn außerhalb des Ego ist das Schuldkonzept vollkommen sinnlos. Wo keine Liebe ist, kein Verständnis, keine Milde und kein Mitgefühl, kann immer nur Irrtum sein.

Sowie etwas anderes als Liebe ist, ist Irrtum.
Weil Liebe vollkommen ist, ist Liebe genug.

Ohne Liebe gehst Du immer an der Wahrheit und damit am Wesentlichen vorbei, denn nur Liebe macht Wissen zu Weisheit. Nur das Ego, das selbst Illusion ist, kann der Illusion verfallen, dass aus Lieblosigkeit Liebe erwachsen könne.

Du erschaffst Dir selbst zweifellos sehr viel Schmerz und Leid, doch Du tust entsprechend Deiner Selbstwahrnehmung und diese schmerzhaften Fehlschöpfungen sind von unermesslichem Wert für Deinen Prozess der Selbsterkenntnis. Immer wenn Du Dich selbst verurteilst, trittst Du einen Verletzten, der ohnehin schon verwundet am Boden liegt. Der Mensch leidet an sich selbst und niemand kann jemals an etwas anderem leiden. Verurteilung verbessert den Status quo nicht, sondern erhält ihn.

In früheren Zeiten und in gewissem Maße noch heute, war es Teil religiöser Weltanschauung, Leid, Krankheit und jede denkbare Form von Unglück, die über den Menschen kommen kann, als Strafe Gottes zu deuten, verhängt für Verfehlungen jeglicher Art. Wenn keine entsprechende Verfehlung ersichtlich war, die in angemessener Weise zum ›Strafmaß‹ passte, dann wurde eben die allgemeine Unwürdigkeit und Minderwertigkeit des Menschen auf den Plan gerufen. Nun, wenn heute der nach Erleuchtung strebende Mensch selbst die Rolle des unerbittlichen Richters übernimmt, die früher Gott innehatte, dann hat sich die Illusion nicht geändert, sondern nur in ein anderes Gewand gekleidet. Die Worte mögen andere sein, die Inhalte sind die gleichen.

Die unvermeidliche Wechselwirkung zwischen Selbstwahrnehmung und Gottesvorstellung kommt immer wieder zum Tragen und Du kannst ihr nicht entfliehen. Deine Irrtümer über Gott sind unweigerlich verknüpft mit Deinen Irrtümern über Dich selbst. Du kannst Dich und Deine Selbstwahrnehmung niemals von der Sicht auf Deinen Schöpfer trennen. Das eine bedingt das andere.

Nun, Du würdigst Dein Menschsein als solches nicht, weil Du im Grunde gar nicht weißt, was Du tust. Du weißt nicht, was Du tust, weil Du nicht weißt, wer Du bist.

Du beurteilst, verurteilst, bewertest Leben und damit Dich selbst und Alles-was-Ist. Du bewertest Leben, Dein eigenes, das Deines Nachbarn und auch das jedes anderen: Der Mensch *beurteilt* alles Leben. Diese Einstellung ist insofern absurd, als Du das Wesen des Lebens als solches nicht erkannt hast.

Wo Leben ist, da ist immer auch Gott. Leben ist Gott und Gott ist Leben. Wenn der Mensch Leben beurteilt, dann beurteilt er Gott. Beurteilen heißt, einen Wert beimessen – *oder auch nicht*. Beurteilen ist bewerten.

Kannst Du Gott bewerten? Nun, um etwas bewerten zu können, muss es einen Vergleichswert geben, an dem man das zu Bewertende messen kann, einen Maßstab sozusagen. Das würde jedoch bedeuten, dass es etwas außerhalb von Gott geben müsse, etwas, das Er nicht ist. Da Alles-was-Ist alles impliziert, ist Er jenseits jeglicher Bewertungsmöglichkeit. Die irdische Erfahrung, das Menschsein schlechthin, definiert sich durch und über Deine Wertung.

Alles ist *irgendwie* oder *irgendwas*, nichts *ist* einfach nur. So wertet die Welt – und die Dinge sind gut oder schlecht. Die Menschen haben, global gesehen, viele verschiedene Wertungssysteme, die sich teilweise sogar gravierend voneinander unterscheiden. Was den einen in den Himmel bringt, bringt den anderen geradewegs in die Hölle. Jedes Eurer Wertungssysteme ist jedoch, und zwar unabhängig von seinem Inhalt, so unerbittlich und so falsch wie das andere, eben weil sie allesamt Verurteilungskonzepte sind. Der Irrtum liegt in der Natur der Sache selbst.

Der grundlegende Denkfehler des Menschen, der seiner Göttlichkeit nicht gewahr ist, besteht darin, dass er glaubt, er müsse irgendetwas tun, um seinem göttlichen Ideal nachzueifern. Du meinst, etwas *werden* zu müssen, das Du nicht bist. Etwas werden impliziert eine Handlung, einen kreativen Akt der Veränderung. Die Göttlichkeit Deines Wesens *ist* jedoch ein gültiger Seinszustand im ewigen Jetzt. Gott lässt sich nicht täuschen, denn Er täuscht sich nicht über sich selbst. Gott in Dir weiß, dass Deine wahre Identität nicht abhängig ist von Deinen Handlungen.

Deine wahre Identität ist nicht abhängig von Deinen Handlungen.

Du erinnerst Dich: Nichts Wirkliches kann bedroht werden und Deine göttliche Herkunft ist wirklich. Sie ist völlig unabhängig von Deinem Gewahrsein und damit auch von Deinen Handlungen, die Deiner Selbstwahrnehmung entsprechen. Ihr alle seid Königskinder, nicht um ihre Herkunft wissend und im selbstgewählten Bettlergewand herumirrend. Was bedeutet das konkret und unmittelbar für Dich?

Nun, wir haben gesehen, wie Du Dir Dein Leben und Deine innere wie äußere Realität erschaffst und kraft Deiner schöpferischen Macht hervorbringst. Wenn nun Deine Identität nicht abhängig ist von Deinen Handlungen, dann könnte man, vereinfacht ausgedrückt, sagen, es ist völlig gleichgültig, was Du erschaffst.

Du bist göttliche Schöpferkraft, eine Energie, die aus sich selbst heraus ihre innere und äußere Wirklichkeit hervorbringt und sich dadurch selbst erkennt. Das ist Deine Identität. Diese Identität stellst Du unter Beweis mit jeglicher Manifestation, die Du in den Ausdruck bringst. Gott hat Dir uneingeschränkte Schöpferkraft verliehen und damit uneingeschränkt freien Willen.

Die Möglichkeit, etwas tun zu *können*, impliziert die Wahlmöglichkeit, es tatsächlich zu *tun*. Würde Gott Dir die Möglichkeit geben, *alles* zu tun, wenn Er nicht wollen würde, dass Du frei wählen kannst? Gegen göttlichen Willen zu verstoßen, liegt außerhalb Deiner Möglichkeiten. Menschliches Gesetz ist absurd genug, Dinge zu ermöglichen, um sie dann unter Strafe zu stellen. Nur eine vom Ego verblendete Welt kann so abstrus und verkehrt sein.

Gottes Wille ist absolut, genau wie seine Macht eine absolute ist, und kann nicht unterminiert werden. Gegen irdisches Gesetz kannst Du verstoßen, gegen göttliches Gesetz kannst Du es nicht. Nichts und niemand kann das. Nur Ego ist so vermessen zu glauben, dies sei möglich.

Vor weltlichen Autoritäten ist Ungehorsam und somit das Fallen in Ungnade real erfahrbar und in einer Wahrnehmungsebene, in der diese Möglichkeit nicht als absurd erkannt wird, ist es recht schwierig klarzumachen, dass es unmöglich ist, Gottes Plan nicht zu entsprechen. Das Geschenk uneingeschränkter Willensfreiheit sollte dem Menschen Beweis genug sein, dass es die Berechtigung impliziert, von ihm Gebrauch zu machen. Gott setzt Dich nicht in der 30er-Zone in einen Porsche (*Anm. der Verfasserin: Scherzhaft gesagt*).

Wo auch immer verbotene Früchte locken:
Gott schuf die Frucht, der Mensch das Verbot.

Nun, mein lieber Freund, meine liebe Freundin, abgesehen von der Möglichkeit, *nicht* Teil von Alles-was-Ist zu sein, sind Dir keine Grenzen auferlegt. Dies bedeutet konkret, dass Du Dich selbst weder erschaffen noch vernichten kannst.

Du kannst Dich entscheiden, *unendlich* viele Möglichkeiten des Selbstausdrucks ›auszuprobieren‹ und Dich somit immer wieder anders zu erfahren. In endloser Vielfalt möglicher Variationen kannst Du Dich selbst und damit auch Deine Außenwelt erleben. Du kannst Dich gar nicht entscheiden, das nicht zu tun.

Du kannst die Form verändern, zerstören, eine neue annehmen. Du kannst mit Dir selbst und mit Deiner schöpferischen Kreativität spielen und Du tust es mit jeder Veränderung und Anpassung Deiner Selbstsicht.

Du kannst jedwede Form annehmen oder ablegen, die Dir genehm ist, und damit herumexperimentieren. Was die Form betrifft, hast Du uneingeschränkten Handlungsspielraum, aber Du kannst niemals den Inhalt, Deine wahre Essenz, gefährden oder gar zerstören. Dein Sein ist auf ewig in Gott und damit völlig sicher.

Du kannst tun, was immer Dir beliebt. Du kannst glauben, was immer zu glauben Du Dich entscheiden willst. Die Wirklichkeit Deines göttlichen Seins bleibt allezeit völlig unberührt. Innerhalb dieser Einschränkung, der Unzerstörbarkeit Deiner Göttlichkeit, ist Dir alle Freiheit gegeben.

Nun, wir haben viel über den Willen Gottes gesprochen. Wir haben gesehen, dass Du niemals gegen seinen Willen verstoßen kannst. Um dies zu verstehen, musst Du in Deinen Betrachtungen einen entscheidenden Schritt in eine ungewohnte Richtung wagen, indem Du Dir erneut vor Augen führst, was Gott ist: Gott ist Alles-was-Ist, also die alles implizierende Absolutheit, die keine Einschränkung zulässt. Was jedoch alles ist, kann nichts wollen. Gott *kann* nichts wollen, weil Er schon alles *ist*: Alles sein bedeutet, alles haben. Gott will nichts.

Gott hat keinen Willen.

Du kannst Dir dies nicht oft genug ins Bewusstsein rufen: Etwas wollen – wir gehen später noch darauf ein, warum wir hier ganz bewusst keinen Unterschied zwischen dem Wollen des Höheren Selbst und dem Wünschen des Ego machen – beinhaltet ein Bedürfnis. Vorlieben und Wünsche zu haben setzt Bedürftigkeit voraus. Bedürftigkeit setzt Mangel voraus. Was aber kann dem fehlen, der alles hat bzw. alles ist? In Alles-was-Ist kann es weder Bedürfnis noch Mangel geben, würde das doch voraussetzen, dass es etwas außerhalb von Ihm geben könnte.

Die Bedürfnislosigkeit Gottes stellt jeden Menschen vor völlig neue, existenzielle Voraussetzungen, vor wahrhaft wundervolle Voraussetzungen. Wenn Du diesen allumfassenden Gottescharakter wirklich begriffen hast, verändert sich auch Deine Einstellung zu Dir selbst schlagartig. So wie Dein Blick auf Deinen Schöpfer ein vollkommen anderer wird, so erlebt auch Deine Selbstwahrnehmung eine tiefe Verwandlung: Gott hat keinen Willen – aber *Du*.

Im Glauben an das Böse fürchtet der Mensch nichts mehr als sich selbst und seine eigenen scheinbaren Abgründe. So glaubst Du, dass ohne den wachenden und strafenden Arm des göttlichen Gesetzes, der Dich mit Strafandrohung am Schlimmsten zu hindern sucht, unweigerlich furchtbares Chaos und Zerstörung aus Dir hervor- und über Dich hereinbricht. Nun, meine lieben Freunde, das Chaos und das Unglück habt Ihr doch jetzt und das *trotz* der eingebildeten Repressalien. Genauer gesagt, Ihr habt es nicht trotz, sondern *wegen* dieser fiktiven Bestrafungen. Als heiliger Teil der göttlichen Einheit, der Du bist, ist die Wahrnehmung jeglicher Unvollkommenheit rein illusorischer Natur und hat nur in dieser Dimension scheinbaren Wahrheitsgehalt. Gott ist Liebe und in Liebe ist das Bemessen einer Wertehierarchie auf einer Skala ohne jeden Sinn.

Liebe wertet nicht, Liebe ist.

Die Erlösung der Bewertungsillusion löst das Trauma von Gut und Böse auf. Was ist ein Wert wert, wenn niemand da ist, der wertet? Und so ist es mit dem Werten wie mit dem Wollen. Gott tut es nicht, aber Du. Tatsächlich könntest Du das eine nicht ohne das andere tun. Um etwas zu wollen, musst Du es bevorzugen. Bevorzugung setzt Wertung voraus. Du lebst in einer dreidimensionalen dualen Welt. Dies bedeutet, dass Du gar nicht anders kannst, als zu werten.

Du kannst nicht *keine* Entscheidungen treffen und dem Entscheidungsprozess geht immer ein mehr oder weniger bewusster Bewertungsprozess voraus. Du *musst* in dieser Welt Entscheidungen treffen, weil diese Dimension polar ist. Du kannst nicht irgendetwas tun und gleichzeitig auch das Gegenteil davon. Dies zwingt Dich zu einer Entscheidung, die eine Bevorzugung, eine Wertung voraussetzt. Handlung, Aktion und Erfahrung sind in Deiner Welt anders nicht möglich. Ohne die Äußerung von Willen kannst Du in dieser Welt also gar nicht agieren. Du könntest hier nicht sein, denn Du würdest schon in Deinem ersten Lebensaugenblick an der Frage, ob Du atmen willst oder nicht, vor unlösbare Probleme gestellt. *(Anm. der Verfasserin: Scherzhaft gesagt).*

Wie bereits kurz erwähnt, machen wir hier ganz bewusst keinen Unterschied zwischen dem Wollen des Höheren Selbst und dem Wünschen des Ego. An dieser Stelle geht es grundsätzlich darum festzustellen, dass Dein Werten, Wollen, Wünschen, Entscheiden Deinem irdischen Leben die geistige Schubkraft innerhalb der Materie verleiht. Dies ist der Stoff, aus dem jegliche Handlung und damit Veränderung und Entwicklung hervorgeht. Der Wille ist die Triebfeder hinter jeder Aktivität und damit menschliches Mittel zum göttlichen Zweck der Selbsterkenntnis. Menschlicher Wille ist göttliche Aggression, Handlungsimpuls der Liebe.

Und nun wirst Du vielleicht auch verstehen, wenn wir sagen, dass Dein Wille und Gottes Wille ein und dasselbe sind. Da Du Teil des Göttlichen bist, kann Dein Wille nichts anderes als sein Wille sein. Dies steht nicht im Widerspruch zu unserer Feststellung, dass Gott keinen Willen habe – es ist, wie so oft, eine Frage der Ebene, auf der man die Dinge betrachtet. Anders ausgedrückt könnte man sagen:

Dein Wille ist Gottes Wille für Dich.

Wir haben festgestellt, dass es in Gott keine *Beurteilung* gibt. Wenn dem nicht so wäre, wäre der freie Wille nicht frei. Freiheit ist allumfassend oder aber, sie ist gar nicht, sie kann nicht gleichzeitig sein und nicht sein. Jetzt, da die Verurteilung und Androhung von Strafe hinfällig ist, stehst Du vor der Frage, wonach Du denn Deine Handlungen ausrichten sollst. Welche Kriterien solltest Du bei Deinen Entscheidungen in Betracht ziehen?

Nun, der göttliche Leitfaden ist Dir auch in der Welt der Illusionen sehr wohl gegeben und allzeit verfügbar. Es sei erinnert an die Tatsache, dass Dein Wille Gottes Wille für Dich ist. Mit anderen Worten: Gott will, dass Du alles willst, was Du willst. Diese Aussage ist nur solange absurd, wie Du Dich und Gott als voneinander getrennte Wesen wahrnimmst. Im Lichte der Einheit jedoch ist sie völlig logisch und schlüssig. Da Du ein lebendiger *Teil* Gottes bist, ist nichts Deinem Willen übergeordnet. Was könnte Gottes Willen übergeordnet sein?

Wenn es um Spiegelung geht, geht es immer um die Erkenntnis Deiner intimsten Beziehung, der zu Dir selbst. Bevor Du aktive Problemlösung betreiben kannst, musst Du wissen, wo ›der Hund begraben liegt‹, und es wäre grundsätzlich falsch, weil erfolglos, ihn woanders zu suchen als bei und in Dir selbst.

Wie wir gesehen haben, sind Deine Beziehung und Einstellung zu Dir selbst Dreh- und Angelpunkt all Deiner Lebenserfahrungen. Nichts geschieht unabhängig von Dir selbst. Auch Deine Einstellung zu Gott kann nicht losgelöst von Deiner Selbstwahrnehmung betrachtet werden. Nur ein Bewusstsein, das sich selbst als reine Liebe erkennt, kann seinen Schöpfer als reine Liebe wahrnehmen. Ihr könnt Euch einen Gott ohne einen teuflischen Gegenspieler nicht vorstellen, weil Ihr Euch selbst nicht unabhängig von Eurem Ego vorstellen könnt. Je liebevoller Dein Blick auf Dich selbst, desto liebevoller nimmst Du die Welt wahr. Das hat nichts zu tun mit Selbstbetrug und der sogenannten ›rosaroten Brille‹. Du hast die Macht, Dir Deine Realität in jedem Augenblick selbst zu erschaffen, und in der Verleugnung dieser *Tatsache* liegt der Selbstbetrug. Die Dinge sind, was der Mensch will bzw. was er glaubt, dass sie seien.

Wie wir bereits gesehen haben, gibt es so viele Welten, wie es Menschen gibt sie zu gestalten und zu erfahren. Niemandes selbsterschaffene Realität ist mehr oder minder real als die eines anderen, der die Dinge ganz anders wahrnimmt, denn niemand ist mehr oder weniger göttlicher Gestaltgeber. Jeder ist es ganz und gar, denn Gottes Macht ist in jedem seiner Teile vollständig enthalten.

Wenn ein Mensch seine Selbsterfahrung in irgendeine Richtung erweitert, ändert sich auch sein äußeres Erleben. Unfehlbar passt sich das Äußere dem Inneren an. Auch die geringfügigste Veränderung im Inneren zieht eine Anpassung im Außen nach sich. Spiegelung kann sich nicht irren und sie kann auch nicht versagen.

Der Mensch hat heftige Skrupel, seine Macht anzuerkennen, nicht zuletzt aus dem Grunde, weil er sich fürchtet vor all seinen Leiderfahrungen. Die Verantwortung für seine Leiderfahrung zu übernehmen bedeutet, sich seiner Selbstverachtung zu stellen und sie direkt anschauen zu müssen. Der Mensch zieht es im Allgemeinen vor, seinen Blick abzuwenden in dem falschen Glauben, sich so vor sich selbst verbergen zu können. Doch, wie wir gar nicht oft genug wiederholen können, kann niemand sich selbst entfliehen, denn das hieße, die Macht Gottes auszuhebeln.

Wer seine Selbstverachtung nicht anerkennt, kann sie nicht überwinden und wird ihre Wirkungen weiterhin erleiden, weil er sie immer wieder aufs Neue erschafft. Die Opferhaltung ist die effektivste Waffe des Ego in seinem Feldzug zur Verleugnung der Wahrheit. Da der Mensch sich seiner Selbstablehnung in ihrer ganzen Tragweite nicht bewusst ist, führt das Ego in schmerzlichen Lebenslagen gerne das Argument ins Feld, dass man solches doch nicht verdient habe. Nun, meine Lieben, nicht ein Mensch ist je auf dieser Welt gewandelt, der auch nur den geringsten Hauch von Schmerz, Kummer und Leid verdient hätte. Nichts und niemand kann es jemals geben, der etwas anderes als reine, vollkommene Liebe verdient hätte.

Der Mensch bekommt nicht das, was er verdient,
der Mensch bekommt das, was er will.

Der Mensch will, was er zu verdienen glaubt. Was Du zu verdienen glaubst, steht in direktem Zusammenhang mit dem, was, wer und wie Du zu sein glaubst.

Die Tatsache, dass alle irdischen Manifestationen Spiegelung eines dahinterstehenden geistigen Prinzips sind, nimmt der Mensch im Allgemeinen nur in Ausnahmesituationen an. Wenn Ihr Euch die Dinge des Lebens nicht schlüssig erklären könnt, tendiert Ihr zu einer Art verwirrender Kompromisslösung, bei der die gestaltgebende Macht des Geistes einmal als Erklärungsmodell herangezogen und ein anderes Mal als absurder Allmachtsglaube verworfen wird.

Der Mensch entscheidet sozusagen von Fall zu Fall, ob er ein machtvolles Wesen sein will oder es doch lieber bleiben lässt. Einmal hat er dann selbst Schuld an seinem ganzen Malheur und ein anderes Mal ist es das Schicksal, das ihm übel mitspielt. Genauso, wie die Geschicke bei glücklichem Verlauf ums eine Mal dem eigenen Verdienst und ums andere Mal Fortuna zugeschrieben werden. Der Mensch kann seine Macht und Verantwortung immer nur in dem Maße anerkennen, in dem er sich selbst erkennt. Dich selbst bewerten heißt, Dich selbst entwerten, Dich selbst beurteilen heißt, Dich selbst verurteilen. Wenn Du Dich nicht mehr bewertest, kannst Du Dich nur noch lieben. Wer aber sich selbst liebt, der gibt Gott recht.

9. Ein-Sicht

Himmlisches Netz und irdisches Hochseil

Die Lebensschule – Multiple Choice und die Angst vor dem Versagen

Mein lieber Freund, meine liebe Freundin, Dein Wille ist Gottes Wille für Dich. Wie könnte es anders sein? Du kannst niemals einen von Gott getrennten Willen haben, da Du von Gott getrennt überhaupt kein Sein haben kannst. Aber warum das alles? Was soll das alles, wenn Gott keine Präferenz für ein bestimmtes Verhalten hat? Was soll das Leben, wenn Gott nicht urteilt, wenn es kein ›Richtig‹ und kein ›Falsch‹ gibt? Warum hast Du einen freien Willen, wenn es ohnehin *gleich-gültig* ist, was Du damit anstellst?

Nun, die Antwort ist: Du hast einen freien Willen, *weil* es gleich-gültig ist, was Du damit anstellst. Gott gibt Dir nicht die Möglichkeit zu scheitern. Du bist so sehr an den Gedanken gewöhnt, das Leben sei eine Schule mit Abschlussprüfung, die über die heiß ersehnte Aufnahme an höherer Stelle entscheidet, dass Du regelrecht verwirrt bist, wenn Dir dieser Druck genommen wird.

Wir haben bereits darüber gesprochen, wie tief der Mensch dem Glauben verhaftet ist, Gott wolle ihn prüfen. Angesichts eines solch lieblosen Glaubenskonzeptes ist es kaum verwunderlich, dass es dem Menschen an Lebensfreude und Selbstliebe mangelt. Und wie wir bereits sagten, wo keine Freude ist, können nur Irrtum und Fehlwahrnehmung sein. Das Leben ist keine Prüfung im Multiple-Choice-Verfahren, bei der Du Punkte verlierst, wenn Du Deine Kreuzchen an die falsche Stelle machst. Warum es für Dich dennoch einen erheblichen Unterschied macht, wo Du sie machst, sehen wir später.

Vor Gott kannst Du nichts falsch machen, weil es für Ihn kein ›Falsch‹ geben kann. Was auch immer sein mag: Die Tatsache, dass es *ist*, beweist seine Seinsberechtigung. Wir erinnern uns, dass Du zum Zweck der Selbsterkenntnis hier bist. Das ist der göttliche Plan. Selbsterkenntnis bedeutet, dass es nichts zu tun und zu verändern gibt, sondern ›lediglich‹ zu erkennen. Und eben weil es um einen Prozess des Erkennens geht, sind alle Erfahrungen gleichwertig.

Die Lebenserfahrungen, die zu durchleben Du Dich entscheidest, erfüllen *immer* ihren höheren Zweck. Es ist unmöglich, Erfahrung zu machen, ohne der Selbsterkenntnis zu dienen. Weil Alles-was-Ist alles impliziert, ist auch jede denkbare Erfahrung in Ihm möglich. Nie kann irgendetwas außerhalb von Ihm sein. Es gibt in dieser dualen Welt schlussendlich nur zwei Möglichkeiten der Wahl: Entweder eine Erfahrung ist stimmig und entspricht Deiner göttlichen Natur oder aber sie ist es nicht. Wie auch immer sie ausfällt, durch die Erfahrung bist Du in jedem Fall Dir selbst auf der Spur und Deiner Wahrheit über Dich selbst einen Schritt näher gekommen.

Jede durchlebte Erfahrung integrierst Du in Dich selbst als Teil Deines So-Seins oder aber als sein Gegenteil. Das ist der Sinn der Dualität. So erweiterst Du die Wahrnehmung und Erkenntnis Deiner selbst. Das ist Fortschritt, Entwicklung, Evolution. Das ist Gott in Erweiterung der Erkenntnis und beständigen Ausdehnung seiner selbst. Unfassbares, grenzenloses göttliches Sein, jenseits jeder Vorstellungskraft: In der ewigen Freude kreativer Schaffenskraft erweitert Gott sich selbst aus sich selbst heraus. Alles-was-Ist spiegelt und sucht sich selbst in der menschlichen Erfahrungsfähigkeit.

Der menschlichen Willensfreiheit sind keine Grenzen gesetzt. Wie könnte Gott sich selbst begrenzen? Wie könnte Gott in der Begrenzung seine Grenzenlosigkeit erkennen? Erfahrung ist Erweiterung der Selbstwahrnehmung. Eine der hinderlichsten Einschränkungen für Dich ergibt sich aus dem Umstand, dass Du glaubst, manche Erfahrungen seien gottgewollt, während andere zu vermeiden sind. Dass Deine Menschlichkeit eindeutige Präferenzen hat, ist unbestreitbar und weder grundlos noch zufällig. Darauf werden wir noch zu sprechen kommen. Gott weiß, dass es nichts zu ›lernen‹ gibt in dem Sinne, etwas zu werden, was Du jetzt nicht bist. Für Dich gilt es nur zu erkennen, was ist, immer schon war und ewig sein wird.

Was könnte es für Gott, der alles ist, zu lernen geben? Was könnte folglich dem Menschen zu lernen bleiben, der doch Erbe des Göttlichen und somit Teil des Absoluten ist? Für den Menschen bleibt nur zu lernen, dass es nichts zu lernen gibt. Nur in der Erkenntnis seiner selbst wird er sich dessen gewahr.

Lerne, Mensch, lerne, dass es nichts zu lernen gibt.

Das Ego verleugnet die wirklichen Zusammenhänge göttlichen Seins, es hat sich einen Gott ersonnen, dem man es nie recht machen kann. Aus seiner Sicht wird ein ›schlechter‹ Mensch von Gott gestraft und ein ›guter‹ Mensch von Gott geprüft. Da gibt es kein Entkommen, keinen Fluchtweg, keinen Notausgang.

Dein Höheres Selbst, Dein Göttliches Du, fühlt sich niemals bedroht, geprüft oder gestraft. Das Göttliche Du weiß um die wahre Dimension Deines Seins und kennt keine Illusion. Aus seiner Sicht, die niemals der Täuschung erliegt, gibt es weder Prüfung noch Bedrohung oder Versagen. Aus

Sicht Deines Göttlichen Du ist alles Erfahrung und somit Spiegelung Deiner Selbstwahrnehmung.

Erfahrung ist Spiegelung Deiner Selbstwahrnehmung.

Ego wie auch Höheres Selbst sind keine voneinander getrennten ›Wesenheiten‹, die in Dir ›herumgeistern‹. Sie sind Teilaspekte Deines Gesamtwesens. Es sind Worte, die eine gewisse Seinsqualität umschreiben und kennzeichnen.

Wie immer, wenn ein geistiges Prinzip in Worte eingeengt werden muss, wird die Beschreibung der Wirklichkeit der Dinge nur sehr bedingt gerecht. Einfach ausgedrückt könnte man sagen, dass das Ego jeder Gedanke ist, der auf dem Glauben an Trennung und damit auf Angst beruht. Dem Höheren Selbst entspringt jeder Gedanke, der auf Einheit und damit auf Liebe beruht. Und immer bist es Du.

Du denkst, fühlst und handelst immer aus einem dieser beiden Aspekte Deines Selbst heraus. Jedes Mal, wenn Du aus Liebe heraus denkst, fühlst und agierst, bist Du nicht etwa nur mit Deinem Höheren Selbst in direkter Verbindung, dann *bist* Du es selbst. Es gibt nichts zu werden, es gibt nur zu erkennen. Du kannst nicht mit Deinem Höheren Selbst ›in Verbindung treten‹, Du kannst es nur sein.

Meine liebe Freundin, mein lieber Freund, wir haben über die Gleich-Wertigkeit alles Erfahrbaren gesprochen. Wir sprachen darüber, wie alles und jedes immer dem höchsten Ziel, der Erkenntnis Deiner göttlichen Wirklichkeit, dient.

Wir sprachen darüber, wie Du kraft Deines Willens, der sich in Deinem Glauben widerspiegelt, Deine Realität und damit Deine Erfahrung erschaffst. Wir sprachen über die göttliche Willen- und Bedürfnislosigkeit und über Deine daraus resultierende uneingeschränkte Willensfreiheit. Nun meine Lieben, was ist Realität, was ist Erfahrung?

Realität ist alles, was Du dafür hältst.

Alles das, was Du für real, also für wirklich, hältst, stellt sich Dir als Wirklichkeit dar. Nichts weniger als das ist göttliche Schöpferkraft. Erst durch Deine Anerkennung erschaffst Du die Dinge und machst sie für Dich wirklich, real, gültig.

Anerkennung ist der Prozess der Entscheidung, individuell oder auch kollektiv, an die Wirklichkeit eines Konzeptes zu glauben und es so in den real erfahrbaren Ausdruck zu bringen. Hast Du Deine Glaubensinhalte erst einmal als erfahrbare Wirklichkeit in Deine Außenwelt projiziert, überprüfst Du sie erst recht nicht mehr. Die Erfahrung bestätigt Deinen Glauben, der sie hervorgebracht hat. An diesem Punkt werden Glaubenskonzepte fast immer zu Selbstläufern, die sich immer wieder bestätigen und damit ihre eigene Existenzberechtigung ständig zementieren.

Wer die Verantwortung für die Ereignisse übernimmt, erkennt die eigenen inneren Muster als Urheber und Auslöser der Wiederholungen. Viele Menschen wiederholen tatsächlich ihr ganzes Leben lang immer wieder die gleiche oder ähnliche Art von Erfahrung. Die inneren Muster, die Charaktereigenschaften und Wesenszüge der menschlichen Persönlichkeit wie auch die äußeren Lebensbedingungen sind in der Vollkommenheit göttlicher Weisheit vor der Inkarnation festgelegt. Dies macht ein Scheitern im irdischen Sinne unmöglich. Die Anziehung karmischer Handlungsrahmen ist unwiderstehlich und stellt sicher, dass die im Vorfeld ausgewählten Bedingungen gelebt werden. Der Erfolg jeder Inkarnation liegt in ihr selbst, in der Tatsache, dass sie durchlebt wird.

Du projizierst Deine tiefsten inneren Glaubenssätze außerhalb Deiner selbst und erlebst sie als reale Erfahrung und erfahrene Realität. Was Du erfährst, entscheidet sich maßgeblich an Deiner Wahl, wie Du die Dinge wahrnehmen willst. Alle Dinge werden erst durch Deine Wertung zu dem, was sie sind.

Nun ist es aber so, dass Du Deine Schöpferkraft zwar verleugnen, aber nicht ausschalten kannst. Sie hört nicht deshalb auf zu wirken, weil Du sie fürchten und Deine Augen vor dem Offensichtlichen verschließen kannst. Niemand kann sich selbst entfliehen, die Gnade Gottes macht dies unmöglich. Entweder Du erkennst Deinen schöpferischen Ursprung an und stellst Dich Deiner Macht oder aber Du fügst Dir selbst ständig neue Verletzungen zu in Deinem menschlichen Irrtum, Opfer zu sein.

Die *bewusste* Anerkennung Deiner Macht und die damit verbundene Übernahme der Verantwortung schützen Dich noch nicht davor, ›Fehler‹ zu machen, aber sie schützen Dich mit Sicherheit davor, Deinen ›Feind‹ dort zu suchen, wo er nicht ist, und ihn deshalb niemals zu finden. Nichts anderes als Deine falsche Selbstwahrnehmung kann jemals für Deine Probleme verantwortlich sein.

10. Ein-Sicht

Das Maß aller Dinge

Die Akzeptanz des Selbst und die Tarnung des Ego-Größenwahns

Meine liebe Freundin, mein lieber Freund, sicherlich kennst Du die Redeweise »Jeder ist sich selbst der Nächste«. Berührt sie Dich unangenehm? Wenn dem so ist, bist Du soeben zum Dreh- und Angelpunkt Deiner Probleme vorgestoßen, so wie zu Beginn unserer Lektüre, als wir dem Anspruch, Du sollest Dir selbst das Wichtigste sein, Ausdruck verliehen haben. Die emotionale Qualität, mit der Du Dich diesen Worten und damit Dir selbst annäherst, ist von entscheidender Bedeutung für Dein Leben. Wie so oft kommt es auch hier in besonderer Weise auf den größeren Kontext an, in den die Aussage gestellt und innerhalb dessen sie betrachtet wird.

»Liebe deinen Nächsten wie dich selbst« scheint Dir als Redewendung akzeptabler und mit großer Wahrscheinlichkeit weniger beängstigend. Und doch sind beide Aufforderungen in ihrer Kernaussage gleich. Wohl kaum ein anderes Bibelwort hat jemals für so viele Diskussionen, Missverständnisse und Kontroversen gesorgt wie diese Stelle.

Im Verlauf der Geschichte des Christentums galt die Liebe zu sich selbst als verpönt und verachtenswert. Auch heute noch wird Selbstliebe gleichgesetzt mit Selbstsucht, Egoismus, Rücksichtslosigkeit und Mangel an Liebe und Mitgefühl für den Mitmenschen. Ganz in diesem Sinne wurde die Aussage »Liebe deinen Nächsten wie dich selbst« dahingehend interpretiert, dass der Mensch, der denn nun einmal mit dem verabscheuungswürdigen Makel der Selbstsucht behaftet ist, zumindest rettet, was denn zu retten sei, und seinem Mitmenschen nicht weniger Liebe angedeihen lassen solle, als er sich selbst in seiner eigensüchtigen Verderbtheit zugesteht. Dieses absurde Konzept beruht nicht nur auf einem gewaltigen Missverständnis des Wesens der

Liebe als solches, sondern auch auf einem solchen in Bezug auf Gott.

Wer die Liebe nicht versteht, kann Gott nicht verstehen, denn sie sind ein und dasselbe. Kaum eine Fehlinterpretation hat im Menschen so viel Leid und Schaden angerichtet, diente sie doch der Verschleierung seiner wahren göttlichen Natur. Kein anderes Konzept als die Ächtung der Selbstliebe kann und konnte dem menschlichen Ego so viel Macht und Einfluss verleihen. Die Fehlinterpretation entstand in direkter Anlehnung an das Konzept der Erbsünde, das den Menschen glauben machte, er sei der Liebe Gottes und damit der Liebe zu sich selbst nicht würdig. Viele sind gekommen, den Menschen von seiner wahren Würde und Heiligkeit als Erbe und Teil Gottes zu überzeugen, und dennoch kann er sich nur schwer dazu durchringen, den Glauben an seine Berechtigung zur bedingungslosen Selbstliebe frei von Schuldgefühlen zuzulassen.

Das, was Du ›Erbsünde‹ nennst, ist Plan von Alles-was-Ist. Der Mensch ist nicht wegen Unwürdigkeit aus dem Paradies hinausgeworfen worden, er hat seine Erfahrungswelt *erweitert*. Wie könnte ein Teil von Alles-was-Ist unwürdig und minderwertiger sein als ein anderer? Einheit ist Einheit und Gott ist in all seinen Teilen derselbe. Gemäß dem Willen des Vaters haben seine Kinder das Paradies verlassen, um es in bewusster Erkenntnis seiner selbst wiederfinden zu können. Und selbst dieses Konzept kann *letztendlich* nur illusorisch sein: In Wirklichkeit hat kein Wesen das Paradies, den immerwährenden Urzustand der Einheit mit Gott, je verlassen. Nichts könnte jemals wirklich außerhalb der göttlichen Einheit sein und existieren. Somit können das Ego und damit auch all seine sogenannten ›Sünden‹ nur illusorisch sein. Der sogenannte ›Sündenfall‹ hat nichts mit Sünde zu tun, sondern einzig und allein mit Erkenntnis und ist keine teuflische Falle, er ist göttlicher Evolutionsprozess.

Nur Dein Ego erliegt der Illusion, Leben sei ohne Liebe möglich, aber Leben und Liebe bedingen sich nicht nur, Leben *ist* Liebe. Wir erinnern uns: Liebe ist die einzig *wirklich* existierende Form von Energie. In welchem Gewand sie sich Dir auch immer darstellen mag, immer ist es Liebe in unendlicher Vielfalt der Ausdrucksmöglichkeit.

Wir haben bereits gesehen, dass das Höhere Selbst das Ego niemals angreift. Wir haben gesagt, dass der viel beschworene Kampf zwischen Göttlichem und Menschlichem in Dir nicht existiert. Das Ego, das selbst den Angriff sucht, projiziert seine Illusion auf das Göttliche, doch das Wesen, die Essenz des Höheren Selbst, ist Liebe und nichts als Liebe. Liebe greift *niemals* an.

Im Bewusstsein seiner Wirklichkeit und der Wahrheit, dass es nichts außerhalb der Liebe geben kann, hat das Höhere Selbst nicht den geringsten Anlass zum Angriff. Es ist Liebe und Liebe kann nichts als lieben. Weil Liebe alles ist, ist Liebe sich selbst genug. Was könnte Dein Höheres Selbst also anderes tun, als Dich zu lieben? Es liebt *jede* Facette Deiner Persönlichkeit, jede Faser Deines Seins. Weil Liebe allumfassend ist, schließt sie auch die Seiten Deiner menschlichen Persönlichkeit ein, denen Du die Liebe verweigerst. Gott in Dir, das Höhere Selbst, schaut mit unermesslicher Liebe auf Dein Ego, denn das Göttliche liebt das Menschliche.

In der Gewissheit, dass das Illusionäre das Wahre niemals wirklich bedrohen kann, schaut Gott sich selbst in Dir an mit unendlich liebevollem Geist. Dieser göttliche Blick wird der Illusion in Dir schließlich ermöglichen, sich selbst als Irrtum zu erkennen und sich in die ewig gültige Wirklichkeit aufzulösen.

Ganz praktisch und unmittelbar heißt das für Dich, dass Du das *Geburtsrecht* hast, Dich mit jeder Faser Deines Seins in all Deinen Aspekten zu lieben. Mehr noch: Du *bestätigst* Gott in Dir, wenn Du Dich liebst, Du *bist* Gott in Dir, wenn Du Dich liebst. Wenn Du Dich liebst, winkst Du Gott in Dir zu und sagst Ihm, dass Du Ihn *gesehen* hast. Nirgendwo sonst kannst Du Ihn jemals sehen.

Würdest Du eine Rose weniger lieben, weil sie sich selbst für eine Distel hält?

Nichts kann Dir größere Herausforderung sein, als dem Ruf Deines Innersten nach Selbstliebe zu folgen. Es ist ein immerwährender Prozess des Werdens, des Erwachens und des Erkennens Deiner ureigenen Natur. Der Anspruch der Liebe zu Dir selbst erfordert Nachsicht, Aufmerksamkeit, Einfühlungsvermögen und Geduld von Dir selbst für Dich selbst. Der tiefe Respekt und die Ehrerbietung vor Deinem So-Sein sind Dir Zeichen und Wegweiser auf Deiner Reise zu Dir selbst und damit zu Gott. So und nicht anders ist der Blick Gottes auf jedes seiner Geschöpfe.

Liebe ist Wahrheit und nur durch Liebe kannst Du jemals die Wahrheit über Dich erkennen. Was auch immer Du an und in Dir als unvollkommen, fehlerhaft, sündig oder verachtenswert verurteilst, Gott teilt Deine Meinung nicht. In der göttlichen Wahrheitsschau sind Egokonzepte wie Sünde, Makel und Unvollkommenheit völlig sinnlos und utopisch.

Göttliche Liebe schließt nichts aus, sie ist allumfassend.

Mein lieber Freund, meine liebe Freundin, mutig musst Du Dich selbst erforschen, um zu erkennen, was die Liebe zu Dir selbst Dir gebietet. Dein Wille ist das Werkzeug Gottes für Dich. Entsprich Deinem Willen und Du kannst nicht fehlen. Dein Wille ist der göttliche Fingerzeig auf Deine Macht und damit auf Deine Identität. Dein Wille ist das göttliche Mittel zur Selbsterkenntnis. Er ist das, was Dich Dir selbst unmittelbar zu erkennen gibt und näherbringt. Dein Wille bist Du, auf der Suche nach Dir selbst.

Selbstliebe bedeutet, dass ein Aspekt Deiner Selbstsicht zugunsten eines anderen aufgegeben werden muss. So will es die Dualität. Das ist der jeder Entwicklung und Erkenntnis zugrunde liegende Mechanismus. Du kannst keine Wahrheit über Dich anerkennen, ohne einen Irrtum aufzugeben. Dieses Abschiednehmen vom Irrtum ist das, was Dich in Angst versetzt, denn es liegt in der menschlichen Natur, das Unbekannte zu fürchten und das Vertraute zu bevorzugen. Auch wenn das Vertraute noch so schmerzhaft ist, so ist es doch bekannt und somit fürchtet der Mensch absurderweise das Licht mehr als die Dunkelheit und die Liebe mehr als die Angst. Schlussendlich ist die Anziehung der Liebe doch *unwiderstehlich*, denn Gott ist unwiderstehlich. Die Angst wird sich schließlich selbst zum Opfer fallen, denn sie ist und bleibt unerträglich. Wenn Du Dich selbst liebst, gibst Du Dir, was Du *bist*.

Selbstliebe ist nicht Selbstsucht,
Selbstliebe ist Selbstsuche.

Wenn Du Dich selbst liebst, bist Du nicht im Mangel, der immer nur in Dir selbst sein kann. So Du aus Deiner eigenen inneren Fülle heraus lebst, kannst Du sie wahrhaft anderen zugestehen. Was die Welt unter Egoismus versteht, zeugt immer und ausnahmslos von einem *Mangel* an Selbstliebe.

Nur wer im inneren Mangel ist und sich selbst vorenthält, was er ist und braucht, wird immer bestrebt sein, dieses Defizit im Außen aufzufüllen. Ein Mensch ›nimmt, was er kriegen kann‹, wenn er sich selbst nichts gibt. Wer sich selbst zugesteht, was er braucht, bedarf keiner Kompensation von ›außen‹ und kann freudig die Geschenke annehmen, die sein Innen ihm nach außen spiegelt. So hat ein sich selbst liebender Mensch niemals Mangel und wird nie das Bedürfnis empfinden, sich von anderen zu nehmen, was ihm nicht zusteht. Wer sich selbst im Innen gibt, dem wird im Außen gegeben.

Dich selbst lieben beginnt übrigens damit, Dir zu vergeben, dass Du Dich selbst nicht liebst. Das ist wahrhaft ein wundervoller und weiser Anfang: Der Beginn einer innigen, treuen Freundschaft und Liebesbeziehung mit Dir selbst.

Liebe Dich selbst mit aller Gewalt –
mit aller Gewalt, die Du Dir selbst antust.

11. Ein-Sicht

Jeder ist Dir selbst der Nächste

Keine Schleife kann zum Geschenke machen, wenn die Rechnung folgt

Mein lieber Freund, meine liebe Freundin, wenn von Nächstenliebe die Rede ist, denkt Ihr meist an Rivalität zwischen den eigenen Interessen und denen Eurer Mitmenschen. Da, wie wir gesehen haben, dem Menschen absurderweise immer wieder die Liebe zum Mitmenschen bei gleichzeitiger Verachtung der eigenen Person nahegelegt wird, hat der Begriff der Nächstenliebe für die meisten von Euch einen bitteren Beigeschmack. Angesichts der besprochenen Wahrheitsverzerrungen, die im Allgemeinen alle in der ein oder anderen Weise Selbstverleugnung einfordern, darf uns dies nicht wundern.

In Eurer Welt stehen Selbstliebe und Nächstenliebe folglich in ständigem Konkurrenzkampf um wertvolle Glückspunkte, errungen um den grausamen Preis der Schuldgefühle. Entweder man bleibt dem anderen etwas schuldig oder aber man bleibt es sich selbst schuldig. In diesem Denksystem, das nur aus dem Ego sein kann, bist Du in jedem Fall der Verlierer. Entweder Du kommst selbst nicht auf Deine Kosten oder Du machst Dich ›schuldig‹ am anderen: Liebe mit Frustrationsgarantie.

Nur deshalb, weil Du in der Dualität bist und Dir der Überblick von einheitlicher Warte aus fehlt, scheint dies möglich. Liebe ist Gott und Gott hat keine Nachteile. Wo Gott ist, kann es keine Verlierer geben und so kann Selbstliebe keine schädlichen Nebenwirkungen haben, weder für Dich selbst noch für andere.

Gottes Liebe ist nicht Entweder-oder, sondern Sowohl-als-auch. Die Liebe zur eigenen Person ist Voraussetzung für die Liebe zum anderen. Du kannst nicht geben, was Du in und für Dich selbst nicht entdeckt hast. Du kannst einen anderen Menschen immer nur in dem Maße liebend annehmen, wie Du Dich selbst liebevoll akzeptierst. Das Maß an Liebe, das Du in Dir für Dich selbst entdeckst, findest Du niemals für Dich allein. Du bringst diese Liebe ganz selbstverständlich auch für Deine Mitmenschen auf. Liebe ist der mächtigste aller Selbstläufer, denn wo sie erkannt ist, dehnt sie sich *in alle Richtungen* aus und potenziert sich.

Wenn Liebe Opfer ist, dann ist sie keine.

Es liegt in der ureigensten Substanz der Liebe selbst, sich auf alles auszudehnen und sich hinzugeben. Liebe will nichts als lieben, sie ist immer nur sie selbst.

Der Mensch, der sich aus tiefster Selbstmissachtung aufopferungsvoll für andere hingibt, mag noch so sehr nach Liebe *aussehen*, er kann nicht Liebe *sein*. Vielmehr beruht diese leidvolle Form der ›Hingabe‹ weit mehr auf der verzweifelten Notwendigkeit, das im Außen zu suchen, was im Innen fehlt. Es ist der lieblose Versuch sich über andere zu nehmen, was man sich selbst schuldig bleibt. Es ist eine mühevolle Bestrebung heil zu werden, Ganzheit zu erlangen. Diese leidvollen Anstrengungen können niemals von Erfolg gekrönt sein, weil Wirklichkeit von innen nach außen erschaffen wird und nicht umgekehrt. Niemand kann sich selbst und seinem Urteil über sich entfliehen und so ist Liebe, die als Opfer empfunden wird, niemals beglückend. Da wo Opfer ist, kann Liebe nicht erkannt worden sein. Wo aber Liebe erkannt ist, kann es kein Opfer geben.

Liebe ist aus dem Göttlichen und macht unfehlbar glücklich. Opfer ist aus dem Ego und macht unfehlbar zornig.

Um also Zorn zu vermeiden, ist Selbstliebe die unabdingbare Voraussetzung für wahre Nächstenliebe. Die Liebe zum Nächsten ist und kann nur die logische und selbstverständliche Konsequenz der Liebe zu sich selbst sein. Tatsächlich ist die Selbstliebe die machtvollste Form der Nächstenliebe.

Selbstliebe weckt im anderen ein Rückerinnerungspotenzial an seinen eigenen natürlichen Seinszustand, das mächtiger ist als alles andere. So ist es nur natürlich, dass jeder Mensch sich in der unmittelbaren Umgebung eines sich selbst liebenden Wesens wohlfühlt. Seine Anziehung ist unwiderstehlich, da sie dem Ruf Gottes im anderen gleichkommt, der nie überhört werden kann.

Selbstliebe aktiviert im Nächsten die direkte Rückkopplung an den eigenen Erlösungswillen, der im Höheren Selbst liegt. Wie ein göttliches Lauffeuer greift Selbstachtung um sich und da sie aus Gott ist, bedarf sie niemals Opfer, um segensreich zu sein. Was für Dich selbst gut ist, kann auch Deinen Mitmenschen nur zum Segen gereichen, und mag es noch so wenig danach aussehen. Nichts kannst Du für Dich alleine sein und tun und was Du Dir selbst gibst, das hast Du Alles-was-Ist gegeben. In dieser dualen Welt mag es den Anschein haben, dass Du anderen vorenthältst, was Du Dir selbst zugestehst. In der Einheit der Dinge ist dies ein Trugschluss, denn Gott kann nicht mit sich selbst in Interessenskonflikt stehen. So kannst Du Dir selbst niemals geben, ohne anderen zu geben, und was Du anderen gibst, ist Dir selbst geschenkt. In der Einheit von Alles-was-Ist kann es anders nicht möglich sein, denn wo Einheit ist, kann Wechselwirkung nur scheinbar sein.

Wahre Nächstenliebe lässt die Verantwortung und damit auch die Stärke des anderen bei ihm selbst, denn sie entspringt der Selbstliebe, die die eigene Stärke anerkennt. Nur das, was Du in Dir selbst würdigst und Dir zu eigen machst, kannst Du auch im anderen würdigen und ihm zugestehen.

Liebe ist Weisheit und sie entmündigt niemals, da sie auf der Erkenntnis der göttlichen Größe des Menschen basiert. Bedenke stets, dass Dein Urteil über andere Deinem Urteil über Dich selbst entspringt. Wo also musst Du die Korrektur vornehmen, wenn Du ein wahrhaft liebevoller Mensch sein willst? Ein Fehler kann immer nur dort aufgehoben werden, wo er ist, denn alles andere ist Schattenboxen und kann nicht zum gewünschten Erfolg führen. Nur Du selbst kannst Dich verletzen und nur die Liebe zum Selbst kann dieser Illusion ein Ende bereiten.

Da Selbstliebe auch die Spiegelungen im Außen bereinigt, erlöst sie alle Ebenen gleichzeitig. Das ist göttliche Vollkommenheit, denn Liebe heilt alles. An diesem Schnittpunkt werden Selbstliebe und Nächstenliebe als ein und dasselbe erkannt. Hier wird erkannt, dass jede Beziehung zum anderen nur durch Liebe geheilt werden kann, wie auch die Beziehung zum Selbst nur durch Liebe geklärt wird.

Liebe erteilt keine Lektionen, Liebe ist Lektion:
die einzige, die es je zu lernen gibt.

So wie Dein Nächster Dich in all seinen Handlungen getreulich spiegelt, so spiegelst auch Du ihn getreulich in all den deinen. Es gibt keinen Zufall, denn Gott ist *nie* außer Kraft gesetzt. Eure Tanzschritte sind in jedem Augenblick in vollkommener Harmonie.

So wenig Du einem anderen Menschen wirklich schaden kannst, so wenig kann ein anderer Mensch Dir schaden. Dein mangelndes Verständnis Deiner Macht und Dein daraus hervorgehender Glaube, dass Verletzung von außen möglich sei, macht sie für Dich real. Kein Mensch hat die Macht, einem anderen wirklich zu schaden, und kein Mensch hat die Macht, Dir wirklich zu schaden. Das würde heißen, dass Du nicht Erbe der göttlichen Schöpferkraft bist und dass es so etwas wie Opfer geben kann.

Jeder Mensch, der mit Dir in irgendeiner Weise in Berührung kommt, zeigt Dir einen Aspekt Deines Selbst. Jede zwischenmenschliche Berührung ist eine heilige Begegnung Gottes mit sich selbst und bietet Dir ein würdiges Geschenk: Die Chance und Gelegenheit, Dich selbst im anderen wiederzufinden. Wenn ein Mensch Dich nicht mehr spiegelt, wenn Du Dich, in welcher Weise auch immer, auf andere Wege begibst und eine neue Richtung einschlägst, so wird dieser Mensch, der seine Aufgabe an Dir in vollkommener Weise erfüllt hat, aus Deinem Leben oder Umfeld verschwinden. Vielleicht wird er auch einen anderen Stellenwert einnehmen und eine andere Rolle ausfüllen. Neue, andere Menschen werden an seine Stelle treten, die Dir wiederum getreulich Deine gegenwärtige Wirklichkeit abbilden, so wie Du es für sie tust.

Nichts ist so beständig wie der Wandel. In jedes Menschen Leben gibt es Fortschritt, Veränderung, Entwicklung. So verständlich des Menschen Sehnsucht nach Beständigkeit, gerade im zwischenmenschlichen Bereich, auch sein mag, so entscheidet doch die natürliche Dynamik des

Lebensflusses, dass nur wenige Menschen ihr Leben lang von denselben Mitmenschen begleitet werden. Die Beziehungen, die ein Leben lang andauern, wandeln sich in Bedeutung und Art. Das Ideal von der lebenslangen Freundschaft oder Liebe erfüllt sich nur selten.

Deine Sehnsucht nach der unvergänglichen, ewigen, vollkommenen Liebe spiegelt Deine Ahnung Gottes. Nur die Rückkehr in die bewusste Einheit mit Alles-was-Ist wird diese tiefste und drängendste Sehnsucht in Deinem Herzen jemals vollständig stillen können. Du tust gut daran, den ständigen Wandel des menschlichen Daseins als den Weg zurück in das ewig Unwandelbare zu begreifen.

In der absoluten Gewissheit, dass kein Mensch jemals sein göttliches Ziel verfehlen kann, darf der Mensch sich in Gelassenheit und Weisheit dem beständigen Fluss seines Lebens hingeben. Wer die Zusammenhänge schöpferischen Lebens verstanden hat, wird schließlich jeden Mitmenschen, der ihm im Verlaufe seines Lebens begegnet und ihm ein Stück weit Wegbegleiter gewesen ist, in liebevoller Dankbarkeit als das erkennen, was er ihm ist oder war: ein Lehrmeister Gottes. Dann wirst Du wissen, dass jeder, der Dir begegnet, Dein vollkommener Diener ist, gekommen, Dir zu zeigen, wer und was Du bist.

Was Du dem geringsten Deiner Brüder getan hast,
hast Du Dir selbst getan.

12. Ein-Sicht

Die Angst vor der Liebe

Wenn der Fisch an Land geht, weil er
das Wasser fürchtet …

Meine liebe Freundin, mein lieber Freund, wenn Menschen Angst haben, mag es immer so aussehen, als fürchten sie alles Mögliche. Angst hat viele Gesichter und die Wandlungsfähigkeit der Illusion ist schier unbegrenzt. In ihren verschiedenen Erscheinungsmöglichkeiten scheint die Illusion jedes Mal aufs Neue berechtigt zu sein und in ihrer Gültigkeit Bestätigung zu finden. Doch bleibt Illusion in jeglicher Tarnung immer nur Illusion und wird auch in verschiedenen Gewändern niemals zur Wirklichkeit.

Tatsächlich kann es neben der Illusion der Angst immer nur eine Wirklichkeit geben, die gefürchtet wird, die gefürchtet werden kann. Wo die Illusion der Angst aufgehoben wird, kann es nur noch Liebe geben. Wo Angst ist, kann Liebe nicht wahrgenommen werden. Wo aber Liebe ist, ist jede Angst ihrer Nahrung beraubt, denn die Angst kann ausschließlich vom Trugschluss des Fehlens von Liebe gespeist werden. Tatsächlich ist Angst die Illusion der Abwesenheit von Liebe.

Angst ist die Illusion der Abwesenheit von Liebe.

Jegliche Form von Furcht muss Illusion sein, denn niemals kann es Wirklichkeit sein, dass Alles-was-Ist nicht allgegenwärtig ist. Es gibt keinen ›Ort‹, an dem Gott nicht ist. Die Illusion der Abwesenheit von Liebe ist deshalb angstauslösend, weil nichts jemals außerhalb seines Schöpfers existieren kann.

Du bist aus demselben ›Stoff‹, aus dem alles hervorgegangen ist, was je erschaffen wurde. Alles, was je erschaffen wurde, ist aus dem Stoff des Alles-was-Ist. Da alles, was nicht Liebe ist, nicht Du ist, ist jegliche Form von Angst schlussendlich die Angst des Ego vor Gott in Dir. Die Illusion der Angst und die Anerkennung ihrer Gültigkeit sind die tragenden Säulen des Ego. Wie wir gesehen haben, glaubt das Ego an seine eigene Gültigkeit und damit an die Gültigkeit der Angst. Nur im Glauben, nicht Teil von Alles-was-Ist zu sein, kann Angst sinnvoll erscheinen. Im Lichte des Wiedererkennens Deiner selbst verliert die Angst augenblicklich jeglichen Bestand und wird enttarnt als das absurde Götzenbild, als das das menschliche Ego sie erschuf. Der einzige Sinn und Zweck der Angst liegt sodann offen zutage: die Verleugnung Gottes in Dir und damit die Verleugnung Deiner selbst.

Angst ist Verleugnung Gottes und damit Verleugnung Deiner selbst.

Die Furcht vor Selbsterkenntnis und damit die Furcht vor Angstfreiheit, wird in spirituellen Kreisen auch gerne als Angst vor Erlösung bezeichnet. Du fürchtest das Licht, weil Du nur die Dunkelheit kennst. Wo alle Angst schwindet, sind nur noch Liebe und Frieden. Wo Angst schwindet, bleibt nur die Erkenntnis Gottes. Weil Du Gott fürchtest, fürchtest Du die Anerkennung Deiner wahren Größe, denn das eine bedingt das andere.

Wie wir gesehen haben, spiegelt und bestätigt die Welt Deinen Glauben an die eigene Wertlosigkeit. Jedes Mal, wenn Du Dich dem Irrtum des Ego hingibst und den Glauben an Deine Wertlosigkeit bekräftigst, verletzt Du Dich selbst. Angst ist immer und ausnahmslos Illusion und jede ihrer Formen und Auswüchse ist Selbstverletzung.

Je berechtigter die Furcht erscheint, desto besser ist ihre Tarnung. Hinter ihrer Maske ist sie jedoch immer, was sie ist. Jegliche Form von Illusion verletzt Dich, da sie die scheinbare Trennung von Deinem Schöpfer zu bestätigen scheint. Doch Wahrheit bleibt ewig Wahrheit und Illusion bleibt ewig Illusion, so tief Du auch in den Glauben an ihre Wirklichkeit verstrickt sein magst. So bleibst Du auch in tiefster Dunkelheit ganz und gar das, was Du wirklich bist, und folglich kann auch die Verletzung letztendlich nur Illusion sein.

Gott selbst kann nie wirklich bedroht werden. Ewig Er selbst seiend, ist Deine wahre Identität nie in Gefahr. Du erinnerst Dich: Die Rose mag sich noch so gewiss für eine Distel halten, sie bleibt dennoch ewig eine Rose. Aus der Spirale der Angst, die immer die Illusion der Schuld im Gefolge hat, kann nur Liebe hinausführen. Liebe ist die einzige Macht, die der Verletzung ein Ende bereiten kann. Wenn Du liebst, gibst Du Dich selbst Deinem Ursprung zurück, Du schenkst Dich Gott. Du erkennst Dich als ein Bewusstsein, das lieben kann, als ein Bewusstsein, das Liebe *ist*.

Nun, mein lieber Freund, meine liebe Freundin, der Unterschied mag Dir unwesentlich und unbedeutend erscheinen und doch ist er von fundamentaler Bedeutung. Lieben können bedeutet, Eigenschaften zu haben. Nun *hast* Du aber keine Eigenschaften, Du *bist* sie.

Wir haben des Öfteren auf die Unterscheidung von Haben und Sein hingewiesen und damit auf die Bedeutung, Dir über den illusionären Charakter der Vorstellung von

›Haben‹ klar zu werden. Erhebe Dich über den Irrtum, jemals irgendetwas haben zu können, und erkenne, dass nur Sein wirklich ist. Was immer Du zu haben glaubst, Du hast es nicht, Du bist es. Es ist in Dir, ein Aspekt Deines Selbst, ein Teil Deiner Wirklichkeit und nur zu dem Zweck in Deiner Außenwelt sichtbar, um als Teilaspekt Deiner Persönlichkeit erkannt und integriert zu werden. Dies ist der Sinn und Zweck aller materiellen Manifestation, die aus sich selbst heraus weder Bestand noch Sinn hat.

Aus sich selbst heraus hat Materie keine Ursache. Alles, was du jemals wahrnehmen kannst, das ganze Universum, es ist in Dir, harrend der Erkenntnis Deiner Allgegenwart und Deiner Allgültigkeit. So hat Gott Dich erschaffen, so bist Du und nichts kann jemals außerhalb Deiner selbst existieren, weil niemals etwas außerhalb von Gott sein kann. Wenn aber nichts außerhalb von Dir existieren kann, was kann es dann zu fürchten geben?

Es ist eine Eigenart der Angst, dass sie erst dann als unsinnig erkannt wird, wenn sie überwunden ist. Die Erkenntnis ihrer Unsinnigkeit ist ihre Überwindung.

Nun, wenn Du die Wahl für den Irrtum hast, hast Du auch die Wahlmöglichkeit der Wahrheit. Wenn Du Dich für Angst entscheiden kannst, kannst Du Dich auch für Liebe entscheiden. Wo Liebe ist, sind immer auch Frieden und Freude. Nur wenn Du liebst, wenn Du Liebe bist, fühlst Du Dich mit Deiner wahren Natur und Deinem wirklichen Selbst im Einklang. Du fühlst Dich stimmig mit Dir selbst. Der innere Frieden folgt auf dem Fuße und ist immer ein unfehlbarer Hinweis auf Dich selbst.

Du bist ein Bewusstsein, das sich selbst infrage stellen kann. Du kannst sozusagen, und dennoch nur scheinbar, aus Dir selbst heraustreten, Dich von außen betrachten und Dich fragen, wer Du bist. Du hast mit jedem Gedanken und jeder Gefühlsregung die Möglichkeit, Dich selbst neu zu definieren und damit neu zu erschaffen. Du erschaffst Dich ständig neu in der freien Wahl dessen, der Du sein willst. Indem Du dies tust und anerkennst, erkennst Du Dich als grenzenloses schöpferisches Bewusstsein und somit als Teil von Alles-was-Ist.

So sind jeder Gedanke und jedes Gefühl nichts anderes als Deine Frage an Dich selbst, wer und was Du bist. Wo aber die Frage ist, muss immer auch die Antwort sein und derjenige, der die Wahrheit über sich selbst sucht, wird unfehlbar von der Wahrheit in ihm gefunden. Sie kommt zu Dir, sowie Du sie zulassen und erkennen willst. Die Bibelworte »Wer anklopft, dem wird aufgetan« sind heute noch ebenso gültig wie am Anbeginn der Zeit, denn was wahr ist, ist ewig wahr. Was aber nicht ewig wahr ist, das ist es nie gewesen.

»Die Angst wird sich immer
Götzen schaffen.«
Honoré de Balzac

13. Ein-Sicht

Von meinen Schultern alle Last

Für den, der jedes Wetter liebt,
gibt es nur schöne Tage

Mein lieber Freund, meine liebe Freundin, Leid ist menschliche Erfahrungsrealität. Das Empfinden von Leid ist die unausweichliche Erfahrungsebene aller Wesen, die sich von Gott getrennt wahrnehmen, und die direkte Folge davon.

Leid ist die Abwesenheit von Glück. So verständlich und nachvollziehbar es auch sein mag, dass der Mensch in seinem Unvermögen, dem Leid zu entfliehen, aus der Not eine Tugend machte und das Leid als solches verherrlichte und moralisch verklärte, so weit entfernt ist dies doch von der Wahrheit. Leid ist erst einmal einfach nur Leid, so erlebst und empfindest Du es.

Selbstverständlich glaubst Du an die Wirklichkeit von Leid und so hast Du die Macht, es als real zu empfinden. Die Erfahrung der dunklen Seite der Dualität ist das, was Euer Leben in Menschenhaut so großartig macht und Euch die Ehrerbietung des ganzen Universums sichert. Deine göttliche Natur, Deine Seele, kennt kein Leid. In der Wirklichkeit des Göttlichen kann es keine Abwesenheit von Glück geben, weil niemals etwas fehlen kann: In der Vollkommenheit von Alles-was-Ist kann nichts fehlen. Für Dich jedoch ist das nur schöne Theorie und in der materiellen Welt ist das Leid so sicher wie der Boden, auf dem Du stehst. Alle spirituellen Ansätze, den Menschen mit seinem Schicksal als Leidtragender und Leidgeprüfter zu versöhnen, beruhen auf der grundsätzlichen Überzeugung, Leid bringe den Menschen näher zu Gott. Nun, dem ist so und auch wieder nicht. Wie so oft ist es auch hier eine Frage der Ebene, auf der man die Dinge betrachtet.

Leid wird oftmals als göttliche Prüfung oder Strafe verstanden, doch dem ist nicht so. Gott prüft nicht und Gott straft nicht. Es gibt nichts außerhalb des Schöpfers und in seinen Augen bist Du vollkommener Teil und Aspekt seiner selbst. Wofür sollte Gott also sich selbst strafen? Was könnte Er an sich selbst prüfen wollen? Leid ist weder Prüfung noch Strafe, Leid ist ›einfach nur‹ Irrtum über Dich selbst und daraus folgerndes Missverständnis der jeweiligen Situation.

Leid ist Irrtum über Dich selbst und daraus folgerndes Missverständnis der jeweiligen Situation.

Die simple und doch so gewaltige Tatsache, dass Du leidest, bringt Dich Gott erst einmal keinen Deut näher. Gottes Wirklichkeit ist weit entfernt von jeglicher Leidensvorstellung und ein lachender Mensch ist der Erkenntnis Gottes grundsätzlich näher als ein unglücklicher. Eine verbreitete und irrige Meinung besagt, dass Menschen, die viel leiden oder gelitten haben, ›gut‹ sind, besser als ›glückliche‹ Mitmenschen, denen das Schicksal gnädiger gewogen war. Die moderne Psychologie kann zweifelsfrei belegen, dass gerade Menschen, denen im Leben großes Unglück widerfahren ist, dieses erfahrene Leid an andere weitergeben und übertragen. In einer Art Kettenreaktion löst Leid neues Leid aus, genauso, wie Glück weiteres Glück hervorbringt. Energie zieht immer gleichgeartete Energien an und verbindet sich mit ihnen. Gleichgeartete Energien bestätigen und potenzieren sich gegenseitig. Die recht verschrobene Ansicht, dass Menschen, die nur recht viel leiden, im Himmel von Gott dafür entschädigt würden, treibt auch heute noch ihr Unwesen und lässt Menschen dort im Elend verharren, wo es erlöst sein will: Leid ist keine Glücksversicherung für den Himmel mit hoher irdischer Selbstbeteiligung.

Nun wären diese Worte grausame Zeugnisse der Sinn- und Hoffnungslosigkeit, wenn das schon alles wäre, was es angesichts menschlicher Leiderfahrung zu sagen gäbe, doch dem ist nicht so, denn Gott lässt sein Kind niemals allein. Alles-was-Ist gibt sich selbst nicht auf und lässt Dich nicht in die Illusion versinken, ohne einen Ausweg anzubieten, der sicher gefunden werden kann und wird.

In der Illusion des Leides magst Du Dich weit von Gott entfernt wahrnehmen, doch Er entfernt sich nie von seinem Kind. Wenn der Mensch, blind für die Wahrheit, die Wirklichkeit nicht mehr wahrnimmt, so erkennt Gott sie immer und unfehlbar für ihn. Mit anderen Worten: Immer wenn Du in den Irrtum versinkst, nutzt Gott diesen Irrtum zu seinem heiligen Zweck, der auch der Deine ist. Eben durch diesen Irrtum führt Er Dich zur Erkenntnis der Wahrheit. Da nichts Gottes Willen und Plan widerstehen kann, führt Illusion unfehlbar zur Erkenntnis der Wirklichkeit.

Dies ist der Grund, warum *kein* Mensch jemals umsonst leidet und gelitten hat. Hier liegt die Weisheit all jener begründet, die ihr Leid in der tiefen Gewissheit tragen, dass Gott alles zum Guten fügt. Wie wir bereits gesehen haben, unterliegen die meisten Menschen in der einen oder anderen Weise dem Glauben, dass Gott den Menschen leiden lässt, um ihm Lektionen zu erteilen. Doch das Leben ist keine Schule und Gott ist kein Sadist. Gott weiß um sich selbst und um die Tatsache, dass es keine Lektionen zu lernen gibt, aber die menschliche Persönlichkeit glaubt es.

Dein Ego empfindet Leid als wirklich und berechtigt, denn Ego kann nur auf der Leidebene existieren. Leid entsteht immer dann, wenn ein Wesen sich selbst entgegen seiner göttlichen Natur wahrnimmt und dementsprechend handelt. Wir haben den Unterschied zwischen dem göttlichen Willen und dem Wünschen des Ego erläutert: Immer dann, wenn Du Dich ohne Selbstliebe auflehnst gegen das, was Du Dir selbst geschaffen hast, wirst Du unweigerlich leiden. Immer wenn Du Dich weigerst, Deine göttliche Macht des Erschaffens und Deinen Willen anzuerkennen, und Dich in Auflehnung *gegen Dich selbst* richtest, wirst Du mehr oder weniger in Not geraten.

> *Leid ist die Folge der Entscheidung gegen Selbstliebe und damit gegen Selbsterkenntnis.*

Im Leid versucht der Mensch sich selbst vorzumachen, er sei machtlos. Leid ist der Versuch des Ego, Dich an der Nase herumzuführen und Dich glauben zu machen, Du seiest nur ein Wurm im Staube. »Widerstrebe nicht dem Übel« will als weise Aufforderung zur Anerkennung Deiner göttlichen Macht verstanden werden. Diese Haltung hat nichts mit unterwürfiger Resignation und blinder Schicksalsergebenheit zu tun. Im Gegenteil, geht es doch hier um die Ergreifung Deiner schöpferischen Macht und nicht um ihre Verleugnung. Im Angesicht des enormen Leides, das die Menschheit auf sich nimmt, ist Verleugnung fehl am Platze, denn was die Macht hat zu erschaffen, hat auch die Macht zu verändern.

Das Leid wird sich schließlich selbst erleiden, denn der Mensch wird es schlussendlich überwinden und sich erlösen. Der Weg durch die Illusion kann letztlich nur zur Wahrheit führen, denn so will es Gott. Alles was Illusion ist und somit Deiner göttlichen Natur zuwiderläuft, empfindest Du als schmerzhaft. Diesem Druck wirst Du unweigerlich nachgeben, weil es natürlich ist, glücklich zu sein. So menschlich Leiden auch sein mag, so unnatürlich ist es doch auch.

Glück ist natürlich, Leid ist unnatürlich.

Leid zwingt Dich *immer* zur Veränderung, ob Du Dir dessen nun bewusst bist oder auch nicht. Leid ist der ungeliebte und dennoch selige Motor Deiner Entwicklung, denn nichts kann jemals *wirklich* gegen Dich wirken. Wie jede andere Erfahrung, die Du durchlebst, wird auch die Leiderfahrung schließlich in Wahrheit transformiert.

Leid kann nur in und durch Liebe erlöst und dadurch als wahrer Aspekt Deiner selbst erkannt und integriert werden. Wo Du aus dem Leiden heraus Liebe wahrnimmst, ist die Illusion der Wahrheit überführt und damit erlöst. Alles, was in Liebe umgewandelt ist, ist von Fehlwahrnehmung gereinigt und der Wirklichkeit überantwortet. Leiderfahrung wiederholt sich, bis sie als wesensfremd erkannt und nicht mehr reproduziert wird. Die ›Wirklichkeit‹ der Situation hat immer mit Liebe zu tun und will als solche verstanden und erlebt werden. Wenn die Energie der Erfahrung als Liebesenergie erspürt und in die Gesamtpersönlichkeit aufgenommen wird, hat die Not ein Ende und das Leid ist überwunden. Was integriert, d.h. als Teil Deiner selbst erkannt ist, löst nie wieder Leid aus, denn in der Wirklichkeit Deines Selbst bleibt am Ende immer nur Liebe.

Dein Verhalten wird sich ändern und was zuvor schmerzliche Missklänge hervorrief, löst nun stimmigen Gleichklang aus. Du bist ›mehr‹, als Du vorher warst, und das Leid ist transzendiert. Was zuvor als außerhalb Deiner selbst wahrgenommen wurde, ist nun als Teil von Dir erkannt. Dein Irrtum wird Dir bewusst und der tiefere Sinn der ganzen Situation erschließt sich Dir. Das ist die göttliche Selbsterkenntnis des Alles-was-Ist: Gott in ständiger Ausdehnung seiner Selbstwahrnehmung. Nur Liebe hat die Macht, Illusion in Wirklichkeit umzuwandeln. Liebe nimmt der Illusion das Illusionäre, also ihre ganze Essenz und damit das Schmerzhafte.

Das Leid macht aus dem Menschen das, was der Mensch aus dem Leid macht.

Jedes Menschenleben birgt Leiderfahrung. Sie ist der Schatten der Dualität. Gewiss hast Du in Deinem Leben inmitten einer Leiderfahrung einmal die Tröstung und den Beistand eines liebenden und mitfühlenden Menschen erfahren dürfen. Wie der Volksmund treffend sagt, empfindet der Mensch geteiltes Leid als halbes Leid. Dies ist in einem sehr realen Sinne korrekt. Da alles in Einheit miteinander verbunden ist, kann es nicht anders sein. Die Liebesenergie des Mitfühlenden trägt die Last mit dem Leidenden und entschärft ihr Verletzungspotenzial. Die Liebe des Mitfühlenden wirkt *immer* heilend und ausgleichend, da sie die Rückerinnerung an den eigenen Wert aktiviert. Jedes Mal, wenn Du Dich mitfühlend einem leidenden Menschen zuwendest, bist Du unterwegs ›im Auftrag Gottes‹. Die Botschaft Deiner Liebe kann immer nur die eine sein: »Erinnere dich, wer du bist!« Die Heilung, die Du dem anderen zuteilwerden lässt, ist nie für ihn allein, denn in seiner Rückerinnerung liegt auch die Deine. Du weißt, was Du dem anderen tust, das tust Du Dir selbst und so wird auch Dir Heilung zuteil.

Der Umkehrschluss hingegen, dass geteilte Freude doppelte Freude ist, ist ebenso wahr, denn Freude ist Liebe. Freude ist ohne Liebe unmöglich, denn ihre Substanz ist ein und dieselbe. Liebe potenziert sich immer in dem Maße, in dem sie geteilt wird. Sie dehnt sich aus und da sie die stärkste und unwiderstehlichste Macht im Universum ist, wirkt sie entwaffnend und hochgradig ansteckend. Wo Liebe herrscht, da erkennt Gott sich selbst.

Ganz pauschal gesprochen kann man sagen, dass ein Mensch umso weniger unter einem Umstand zu leiden hat, je weniger er sich gegen ihn auflehnt. Auflehnung, Wut und Selbstmitleid erhärten den Status quo, da sie die eigene schöpferische Macht verleugnen und den Istzustand energetisch aufladen. Mitgefühl mit Dir selbst und Deinen Mitmenschen verbindet Dich mit Deinem göttlichen Selbst, da es die liebevolle Anerkennung des Selbstwertes bezeugt. *Selbst-mit-leid* hingegen verleugnet ihn, da es Zeugnis für Deine eingebildete Schwäche ablegt. Nicht selten erzeugt der Widerstand mehr Schmerz als die Sache als solche und meist kann der Mensch in seiner Auflehnung nicht mehr unterscheiden, in welchem Maße seine Leiden durch den Umstand ausgelöst werden und inwiefern durch den Widerstand dagegen. Je klarer und wertfreier Dein Blick auf eine problembeladene Situation ist, desto deutlicher kann sich Dir die Lösung offenbaren. Wie die Antwort immer in der

Frage liegt, so ist auch die Lösung immer im Problem inhärent vorhanden.

Nun, meine liebe Freundin, mein lieber Freund, es kann nicht Sinn des Lebens sein, für alle Zeiten duldsam und reglos im Leid zu verharren. Der Sinn des Lebens ist nicht, Leid zu ertragen, sondern es zu überwinden, denn Leid hat keinen Selbstzweck. Da Leid kein wirklicher Aspekt Deiner göttlichen Natur ist, kann es keinen Selbstzweck haben, sondern nur Mittel zum Zweck sein. Nur Liebe kann sich selbst Zweck sein, da es außerhalb von ihr nichts Wirkliches geben kann. Wenn der Mensch leidet, möchte er einfach nur, dass es möglichst bald aufhört.

Ganz allgemein kann man sagen, dass *jede* denkbare Art von Leid durch Lieblosigkeit Dir selbst gegenüber ausgelöst wird. Du verkennst Dich selbst in *jedem* Augenblick, in dem Du Dich selbst nicht liebevoll in die Arme schließt. Wenn Du einen leidvollen Umstand verändern willst, musst Du Deinen Blick auf Dich selbst verändern. Die Lösung des Problems kann immer nur in der Korrektur Deiner Selbstsicht liegen, denn hier liegt auch seine Ursache. Wenn die Selbstsicht geändert wird, ändert sich immer auch das Verhalten. Durch die Übernahme der Verantwortung für die Situation entschärfst Du sie emotional, denn Du stellst Dich damit *über* die Dinge. Dies ist der von Gott selbst für Dich vorgesehene und Dir gebührende Platz. Von dieser übergeordneten Position aus hast Du eine völlig andere Sicht und damit auch einen anderen Zugriff auf die Situation.

Von hier aus betrachtet kannst Du Dich selbst erforschen und Dir Handlungsfreiheit zugestehen. In der Situation, die

Dich selbst spiegelt, kannst Du erkennen, wo Du in Bezug auf Dich selbst dem Irrtum erlegen bist. In der Selbstwahrnehmungskorrektur liegt die Berichtigung der Situation und damit die Lösung des Problems und das Ende der Not. Das wirklich Einzige, das Deine gottgegebene Selbstermächtigung begrenzt, bist Du selbst.

»Wer ein Übel erkennt,
hat es schon fast geheilt.«
Prentice Mulford

14. Ein-Sicht

Handeln und Sein

An Euren Taten werdet Ihr
Euch erkennen

Mein lieber Freund, meine liebe Freundin, wir sprachen von Deiner uneingeschränkten Willensfreiheit. Auch sprachen wir von der Gleichwertigkeit aller Erfahrung. Diese göttlichen Prinzipien garantieren Dir auf ewig absolute, bedingungslose Freiheit. Mehr noch, sie garantieren Dir diese Freiheit in völliger Sicherheit. Du hast uneingeschränkten Handlungsspielraum, weil Du uneingeschränkten Glaubens- und Willensspielraum hast. In der grenzenlosen Freiheit seines menschlichen Willens wird der Mensch schließlich zum Bewusstsein seiner göttlichen Allmacht erwachen, in der Wiederherstellung der Einheit dessen, was nie wirklich getrennt war.

Wir haben festgestellt, dass all Deine Probleme von Deiner irrigen, weil lückenhaften Selbstwahrnehmung herrühren. Im Gewahrsein der Tatsache, dass Du ein vollkommen freies Wesen bist, Dir Deine Realität selbst erschaffend, hast Du natürlich eine völlig neue Ausgangsposition und einen ganz anderen Blickwinkel, wenn Du den Dingen auf den Grund gehen willst, die in Deinem Leben nicht zu Deiner Zufriedenheit laufen.

Ist es auch gleichwertig und gleichgültig, wie immer
Du Deine schöpferische Macht einzusetzen beliebst,
so ist es deshalb doch beileibe nicht egal!

Der fundamentale und für Dein Leben entscheidende Unterschied liegt nicht in der Gültigkeit Deiner Schöpfungen, sondern in ihrer *Qualität*. Die Qualität Deiner Schöpfungen entscheidet sich an ihrer Wahrhaftigkeit, aus *göttlicher* Sicht.

Ist eine Erfahrung, eine Schöpfung, stimmig mit Deiner göttlichen Natur, dann ist sie wahrhaftig. Entsprichst Du Deiner göttlichen Natur und handelst aus Deinem Höheren Selbst heraus, dann wird Dich die Erfahrung an Dich selbst rückkoppeln und an Dein ewiges Zuhause erinnern. Das Göttliche stellt Dir völlig frei, welche Art der Erfahrung Du erschaffen willst, doch in Dir gibt es einen unendlich machtvollen Antrieb, der Dich eine gewisse Erfahrungsqualität suchen und bevorzugen lässt: Dein Streben nach Glück.

Diese Triebfeder ist in jedem Menschenwesen unüberwindlich und aktiviert *jeden* seiner Handlungsimpulse, vom ersten bis zum letzten Atemzug. Niemand kann dieser tiefen Sehnsucht widerstehen. Ist eine Erfahrung erfüllend und beglückend, so strebst Du danach, sie zu wiederholen. Ist sie unbefriedigend, willst Du die Situation verändern, beenden und mit Sicherheit zukünftig vermeiden. Schlussendlich wirst Du die ›Erschaffungsmechanismen‹, mit denen Du arbeitest, durchschauen, verstehen und beherrschen. Nur dadurch kannst Du erkennen, wer und was Du bist, solange Du in Menschengestalt bist.

Nun, meine liebe Freundin, mein lieber Freund, was macht eine Erfahrung beglückend und eine andere unerfreulich? Was macht den Unterschied? Was macht eine Erfahrung ›schön‹ und eine andere ›nicht schön‹? Nach welchen Kriterien entscheidet sich dies? So unglaublich banal und absurd Dir die Frage auf den ersten Blick erscheinen mag, so sicher wird es Dich einen Augenblick der Überlegung kosten, sie schlüssig zu beantworten. Je mehr Du über Dich selbst weißt, je tiefer Du Dich selbst erkennst, umso einfacher fällt Dir die Antwort: Du reagierst auf alles und jedes entweder mit der Empfindung von Glück oder aber mit Leidensdruck. Eines von beiden empfindest Du, sei es Dir nun bewusst oder auch nicht. Alle anderen möglichen Reaktionen sind sozusagen Derivate, Spielarten dieser beiden. Nun, der Vollständigkeit halber sei hier erwähnt, dass Glück keine Empfindung im eigentlichen Sinne ist, sondern natürlicher und damit ewiger, göttlicher Seinszustand.

Glück ist der natürliche Gotteszustand. Glück ist Gott und Gott ist Glück. Nun, eigentlich ist es ganz einfach: Jedes Erleben, jeglicher Umstand hat eine Empfindung von Glück zur Folge – oder eben nicht. Da der Mensch die Glücksempfindung als angenehm empfindet, ist er ewig bestrebt, sie zu erfahren. Die Abwesenheit von Glück, die als nicht erstrebenswert empfunden wird, wird nach Möglichkeit vermieden. Hast Du Dir jemals die Frage gestellt, warum dies so ist? Weißt Du, warum Unglücklichsein Dich nicht glücklich macht? Warum Glück glücklich macht? So banal und überflüssig Dir diese Überlegungen auch scheinen mögen, so deutlich liefern sie doch offensichtliche und unwiderlegbare Hinweise auf das »Was-bin-ich?« in Dir:

Glück beschert nur, was in und mit Dir stimmig ist.

Nur was Deiner innersten Natur entspricht, ruft eine Glücksempfindung hervor. Was ein Echo des Wiedererkennens Gottes in Deiner Seele erschallen lässt, macht glücklich. Glück ist der göttliche Widerhall in Deiner Seele, der die Tiefen Deines Herzens berührt und Dein menschliches Gemüt zum Erbeben bringt. Es gibt kein anderes Glück: *Glück ist das Gewahrsein Gottes in Dir.*

Niemals kann irgendetwas anderes als das Gewahrsein Gottes Glück hervorbringen. Und somit weißt Du jetzt, warum es eben *nicht* egal ist, was Du tust. Die Gründe liegen jenseits von Urteil und Strafe. Es ist einzig und allein eine Frage Deiner natürlichen ›Veranlagung‹. Wir müssen uns vor Augen halten, dass Dein Ziel, der Sinn und Zweck Deines menschlichen Daseins, die Erkenntnis Deiner Wirklichkeit ist.

Deine Gedanken, Gefühle und Handlungen werden immer von Glück begleitet sein, wenn sie stimmig mit Deinem innersten Wesen sind. Anders ausgedrückt: Du bist immer dann glücklich, wenn Dein Tun Deinem Sein entspricht. Nichts anderes als das ist Selbstverwirklichung. Du verwirklichst Dich selbst, wenn Dein Sein und Dein Handeln ein und dasselbe sind. Dann bist Du *wirklich wahrhaftig*. Aus dieser Einsicht ergibt sich die logische Konsequenz: Sieh, was Du tust, und Du weißt, was Du über Dich selbst glaubst. Dein Bild Deiner selbst entscheidet über Deine Handlungen. Das, was Du zu sein glaubst, bestimmt Dein Tun. Handlung ist *Sein in Bewegung*.

> *Deine Selbstwahrnehmung formt Deine Handlungen und Deine Handlungen spiegeln Deine Selbstwahrnehmung.*

Entsprechend Deinem Bilde, das Du Dir von Dir selbst machst, kannst Du immer nur das tun, was Du tust. ›Tun‹ und ›tun können‹ sind im Grunde ein und dasselbe. Das, was Du tust, ist immer das, was Du tun *kannst*, denn Du kannst niemals entgegen Deiner Sicht auf Dich selbst handeln.

Insofern bist Du immer ganz Du selbst, denn Du entsprichst in Deinem Denken, Fühlen und Handeln vollkommen Deinem Selbstbild.

Willst Du Dein Leben, Deinen Handlungsrahmen, verändern, so musst Du Deine Selbstwahrnehmung dahingehend korrigieren. Du hast die göttliche Freiheit, Dich selbst zu ›erschaffen‹, Dich selbst zu definieren, wie immer es Dir beliebt. Jedwede Definition Deiner selbst wird sich in Deiner Außenwelt unfehlbar spiegeln, denn Du bist die schöpferische Macht. Du bist das Innen, dass das Außen hervorbringt. ›Außen‹ ist Illusion und Deine räumliche Begrenzung ist nur ein Trugbild der Materie. Du *bist* das allgegenwärtige Innen und das Außen ist nur scheinbar außen.

Nun, nach allem, was Du jetzt weißt, sind die Kriterien für Glück verheißendes Handeln im Grunde ganz einfach zu definieren: Immer dann, wenn Du aus Deinem göttlichen Urgrund heraus denkst, fühlst und handelst, können nur Glück und Freude die Folge sein. Nur, was ist aus ›dem Göttlichen heraus‹ denken, fühlen und handeln?

Der Mensch sucht oftmals nach komplizierten Definitionen für gottgefälliges, also selbstgefälliges, Handeln. Es liegt dem Menschen sozusagen im Blut, dem Komplizierten eher zu vertrauen als dem Einfachen. Der Mensch sucht die großen Wahrheiten gerne hinter dem Horizont und sieht nicht, dass er sie vor Augen hat. Große Dinge sind immer einfach. Wer Gott kompliziert macht, der will Ihn nicht verstehen. Wer Gott kompliziert macht, will seine Allgegenwart in allem, was ist, und damit auch in sich selbst verschleiern. Doch es könnte einfacher nicht sein, denn es gibt nur ein einziges Kriterium für Gottgegenwart: *Wo Liebe ist, da ist Gott. Was Liebe ist, das ist Gott.*

Gott ist Liebe. Du bist Liebe. Liebe ist der Stoff, die Energie, aus der alles geschaffen ist, was ist. Liebe ist die Uressenz des Alles-was-Ist.

Weil es nichts außerhalb von Gott geben kann, kann es nichts geben, was nicht Liebe wäre. Mit anderen Worten: Alles, was nicht Liebe ist, kann nicht wirklich *echt* sein und ist nur Illusion. Liebe ist der Stoff, aus dem Gott Dich schuf, weil Er Dich nach seinem Bilde gemacht hat. Es gibt keinen anderen Stoff.

Liebe ist der Atem Gottes, der Atem der Schöpfung und damit auch Dein eigener. Liebe ist die einzige real existierende Form der Energie, die höchste Schwingung des gesamten Universums. Liebe ist Gott in reiner, unmittelbarer Form. Immer dann, wenn Du aus Deinem Höheren Selbst, also aus der Liebe heraus, agierst, *bist* Du wahrhaftig. Wenn Du aus dem Ego heraus agierst, bist Du im Irrtum über Dich selbst. *Alles*, was nicht Liebe ist, ist wie unechter Schmuck: nichts als Illusion.

Es liegt in der menschlichen Natur, genauer gesagt in der Eigenart des Ego, die allumfassende Bedeutung der Liebe zu leugnen und zu vertuschen. Für das Ego ist das reine Selbsterhaltungstaktik. Wäre dem Menschen die allumfassende Bedeutung der Liebe in ihrer ganzen Tragweite bewusst, so hieße das, dass Gott gänzlich erkannt wurde, und dies wäre das schlagartige Ende des Ego und damit das Ende jeder möglichen Angst und Bedrückung.

Doch was ist Liebe? Die Frage scheint nur auf den ersten Blick einfach zu beantworten zu sein. Die Definitionen für Liebe und liebevolles Verhalten haben sich durch die Zeiten und Kulturen immer wieder verändert. Jeder wird, nach der Liebe befragt, mit anderen Worten zu antworten suchen.

Doch jeder fühlt dasselbe. Liebe fühlen ist Gott fühlen und es gibt nur ein und denselben Gott in allem und jedem. Liebe ist allgegenwärtig, weil Gott es ist. So ist es nicht möglich, Liebe zu definieren, weil sie kein Gefühl ist, sondern ein Seinszustand. Liebe definieren wollen, hieße, Gott definieren wollen, und das ist niemals gänzlich möglich. Eine Definition ist ihrer Natur nach immer einschränkend und ausschließend und so kann keine Definition dem absoluten Charakter des Göttlichen jemals gerecht werden.

Dennoch werden wir im Folgenden näher auf die Liebe, so wie sie sich Dir darstellt und von Dir empfunden wird, eingehen. Das menschliche Bild der Liebe ist ein sehr eingeschränktes und unvollkommenes und es ist wohl die größte Ironie und der tiefste Zwiespalt menschlichen Daseins, dass gerade dort, wo er Liebe empfindet, so oft auch die Quelle seines Kummers und Leides ist. Niemand kann sagen, was Liebe ist, jedoch ist oft versucht worden zu beschreiben, wie Liebe ist. Wir werden immer nur unvollkommene Worte finden, das Vollkommene zu beschreiben. Schlussendlich ist Liebe immer nur erfahrbar. Liebe kannst Du niemals verstehen, Liebe kannst Du immer nur sein.

»Es gibt nur einen Fortschritt, nämlich den
in der Liebe; aber er führt in die
Seligkeit Gottes selber hinein.«

Christian Morgenstern

15. Ein-Sicht

Geist und Materie

Der Stoff, aus dem die Träume sind, und die Substanz der Realität

Mein lieber Freund, meine liebe Freundin, die Welt, so wie sie sich Dir darstellt, ist samt und sonders das Resultat geistiger Ursachen und Wirkungen. Niemals kann eine andere Kraft Materie erschaffen und gestalten als geistige, denn es gibt keine andere. Aus sich selbst heraus hat Materie keine schöpferische Gewalt. Sie ist nichts anderes als Geist in verdichteter Ausdrucksform.

Es gibt nur Geist: Bewusstsein, in verschiedene Dichtegrade ›komprimiert‹, bleibt dennoch Bewusstsein. Materie beherrscht nur, wer sich selbst beherrscht, denn so weit des Geistes Herrschaft über sich selbst, so weit auch seine Macht und sein Einfluss auf das Physische.

Ein Bewusstsein ›beherrscht‹ sich selbst in dem Maße, in dem es sich erkennt, denn eine Macht, die nicht erkannt ist, kann nicht genutzt werden.

Materie als solche ist weder gut noch schlecht. Sie ist einfach, was sie ist: neutraler Seinsausdruck, eine von unendlich vielen Möglichkeiten. Sie ist weder besser noch schlechter als der sie beseelende Geist. Materie ist Mittel zum Zweck des Ausdrucks und damit der Erfahrung. In religiösen wie spirituellen Kreisen ist es üblich, alles Materielle als minderwertig und potenziell Unheil bringend zu verwerfen, während das Geistige als Maß aller Dinge verherrlicht wird. Nun, der Geist *ist* das Maß aller Dinge und eben das sollte dem Menschen Grund genug sein, des Geistes Entscheidung für die Materie zu ehren und ihr zu *vertrauen*. Wer dem Geiste huldigt, während er die Materie verschmäht, vergisst, dass allen materiellen Erscheinungen eine Absicht des Geistes vorausgehen muss.

Der Einstieg in die Materie ist ein kosmisches Experiment, dessen Ausmaß und Tragweite jedes menschliche Begriffsvermögen übersteigt. Der Mensch bringt sich selbst um vielerlei Chancen, wenn er die Möglichkeiten der Materie zugunsten der Feinstofflichkeit des Geistigen missachtet. Gott macht keine Fehler, Alles-was-Ist kann in keiner seiner Ausdrucksformen unvollkommen sein.

Nun, meine lieben Freunde, in Euren Schulen lernt Ihr von den physikalischen Bausteinen der Materie. Ihr hört von den riesigen Abständen zwischen den einzelnen Materieteilchen. Es ist allgemein bekannt, dass die Materie aus naturwissenschaftlicher Sicht zum allergrößten Teil aus leeren Zwischenräumen besteht, aus nichts. Und dem ist so, denn Bewusstsein braucht keine Materie, um Materie zu erschaffen. Geist ist in den ›leeren‹ Zwischenräumen ebenso präsent wie in den sichtbaren Teilchen. Es gibt keine ›Leerstellen‹, weil es keinen ›Ort‹ geben kann, an dem Alles-was-Ist nicht existiert.

Ihr sucht die Wahrheit zu finden und den Dingen auf den Grund zu gehen, indem Ihr alles und jedes in seine Einzelteile zerlegt – und dabei überseht Ihr mitunter das Ganze. In Eurer ständigen Erforschung des Kleinen, des Kleineren und des Allerkleinsten werdet Ihr niemals an ein Ende kommen, denn dann wäre die Unendlichkeit Gottes nicht unendlich. Ihr könnt die Wahrheit jederzeit, sozusagen auf jeder beliebigen Stufe, entdecken, sie ist immer dieselbe und wenn Ihr sie im Großen nicht seht, erkennt Ihr sie auch nicht im Kleinen. Eure Bemühungen sind durch Eure Wahrnehmung von Raum und Zeit gekennzeichnet und an sie gebunden. Wenn Ihr die geistige Wirklichkeit, die Eure natürliche Seinsform ist, erspüren wollt, müsst Ihr Euch möglichst vom Raum-Zeit-Konzept distanzieren. Das Einzige, das man über Bewusstsein schlüssig sagen kann, ist, dass es *ist*.

Ist ein Bewusstsein erst einmal in die Materie und damit in Raum und Zeit eingetaucht, kann es sich eine Wirklichkeit außerhalb dieser kaum noch vorstellen. Eure physischen Werkzeuge, Eure Körper, sind hochspezialisiert und perfekt ausgestattet, um voll und ganz in der Wahrnehmung materieller Realität aufzugehen. Jede Inkarnation ist ein göttliches Meisterstück. Ganz vereinfacht gesprochen könnte man sagen, dass alles, was physisch manifestiert ist, die ›bildliche Darstellung‹ eines ›geistigen Gegenstandes‹ ist.

Der Mensch neigt naturgemäß dazu, Realität an Gegenständlichkeit und damit an physikalischer Greifbarkeit festzumachen. Das geistige Wesen der Materie ist noch nicht einmal ansatzweise erkannt. Aus Eurem Blickwinkel auf die Dinge scheint es sowohl belebte als auch unbelebte Materie zu geben. Nun, dies ist ein Trugschluss, der von der dreidimensionalen Wahrnehmungsebene hervorgerufen und begünstigt wird:

Alle Materie ist in gewisser Weise belebt.
Was nicht beseelt ist, kann nicht sein.

Wenn also etwas *ist*, kann nicht gleichzeitig *kein* Bewusstsein vorhanden sein. Bewusst-los-sein ist *nicht* sein. Wenn von Bewusstsein die Rede ist, dann ist jede denkbare Form und Graduierung von Bewusstsein gemeint. Gewiss sprechen wir hier nicht nur von der menschlichen Erkenntnisstufe, die das Bewusstsein seiner selbst impliziert, obwohl es damit nicht so weit her ist, wie der Mensch im Allgemeinen zu glauben geneigt ist. *(Anm. der Verfasserin: Scherzhaft gesagt).*

Wir sprechen vom göttlichen Bewusstsein, das sich in grenzenloser Vielfalt des Ausdrucks und des Selbstbewusstseins auf allen möglichen Ebenen zeigt. Alles hat Bewusstsein. Der Mensch ist sich seiner selbst gerade so weit bewusst, dass er sich seiner Suche nach sich selbst bewusst ist. Du kannst in den Spiegel sehen, erkennen, dass Du Dich selbst anschaust, und Dich fragen: »Wer bin ich?« Bewusstsein impliziert die Infragestellung der eigenen Identität erst ab einer bestimmten Ebene. In anderen Dimensionen können Wesen sich sehr wohl ihrer Existenz bewusst sein, ohne sich ihrer selbst bewusst zu sein. Sie empfinden ihr Sein, ohne zu ›wissen‹, dass sie es tun. Für Euch Menschen ist das Gewahrsein von Existenz, also Bewusstsein, so tiefgreifend mit Identitätsgefühl verbunden, dass Ihr Euch das eine kaum ohne das andere vorstellen könnt.

Bewusstsein ohne Selbstbewusstsein ist für Euch nicht mehr nachvollziehbar. Doch bewusstes Sein impliziert noch kein Ichgefühl. In gewissem Sinne ›weiß‹ ein Sandkorn, dass es existiert. Wenn ein Sandkorn nicht ›wüsste‹, dass es ein Sandkorn ist, wie könnte es denn eines sein? Was würde es in Gestalt und Inhalt als Sandkorn zusammenhalten? Ohne ordnendes Bewusstsein wäre die Existenz von Materie auch nur für den Bruchteil einer Sekunde unmöglich. Jedes Sein setzt Bewusstsein voraus. Das Sandkorn kann allerdings nicht auf sich selbst schauen und zu sich selbst sagen: »Ich bin ein Sandkorn.« Es kann sich nicht innerhalb eines Systems einordnen als das, was es ist, und nach Herkunft oder Sinnhaftigkeit fragen.

Wenn nun in der zweiten Dimension, die Bewusstseinsebene Eurer Tierwelt, die Wahrnehmung von Raum hinzukommt, so impliziert dies die Fähigkeit des Erkennens von

Außenwelt und somit der eigenen Einordnung in ein System. Dies wiederum gebiert die Fähigkeit zur Angst. Die Wahrnehmung von Raum muss unfehlbar Angst nach sich ziehen, weil sie das Gewahrsein von Trennung voraussetzt. Wo aber Getrenntheit wahrgenommen wird, muss Angst sein, sie folgt der Trennung unmittelbar auf dem Fuße. Erst in der Erkenntnis des illusorischen Charakters der Trennung wird die Angst ihr Ende finden.

Ihr seid so tief mit Eurer dreidimensionalen Erfahrungsebene verstrickt und verwoben, dass es Euch schwerfällt, Euch in andere Bewusstseinsebenen hineinzudenken. Jede Dimension hat ihre ihr eigenen Herausforderungen für diejenigen, die sich in ihr bewegen. Jede Form von Bewusstsein und jede Stufe der Erkenntnis hat ihre Gültigkeit und ihre Berechtigung. Gott ist in einem seiner Aspekte nicht wertvoller oder angemessener als in einem anderen.

Die dritte Dimension mit ihrer ausgeprägten Dualität ermöglicht dem Menschen wertvollste Erfahrungen. In der Dreidimensionalität kann ein Wesen *irren*. Das ist der wohl größte Segen dieser Wahrnehmungsebene. Weil Ihr irren könnt, könnt Ihr leiden. Weil Ihr wisst, was Leid ist, könnt Ihr Glück empfinden. Die Fähigkeit des Leidens impliziert die Fähigkeit und Möglichkeit der Glückswahrnehmung.

Ihr seid gesegnet, weil Ihr irren könnt. Weil Ihr irren könnt, könnt Ihr leiden. Weil Ihr wisst, was Leid ist, könnt Ihr Glück empfinden.

Es gibt sicher Augenblicke im Leben jedes Menschen, da sich diese Aussage wie blanker Hohn ausnimmt. Und doch inkarniert jeder einzelne Mensch auf dieser Welt aus genau diesem Grunde. Der Weg zur *Erkenntnis* der Wahrheit kann einzig und allein durch und über den Irrtum führen. Die Grobstofflichkeit der dreidimensionalen Welt ist für eine sehr spezifische Form der Erfahrung eingerichtet. Sie erlaubt Euch, Euren Glaubenssätzen entsprechende Folgen zu materialisieren und Euch somit in Euren Schöpfungen zu spiegeln, ohne es zwingend zu wissen. Durch die Entwicklung Eurer Selbsterkenntnis, von unbewusster Spiegelung zu bewusster Schöpfung, wird der Mensch sich seiner Göttlichkeit bewusst. Diese Dimension erlaubt Dir die Spiegelung Deines Selbst sowohl im Raum, in Form von Materie, als auch in der Zeit, in Form von Ereignissen.

Spiegelung im Raum ist Materie,
Spiegelung in der Zeit ist Ereignis.

Es sind wahrlich alle Mittel bereitgestellt, dem Menschen den Rückweg nach Hause ins göttliche Bewusstsein zu ermöglichen und zu erleichtern. Das Leben in der Materie ist in ganz besonderer Weise anspruchsvoll. In Unkenntnis seiner wirklichen Schöpferkraft und Macht erschafft der Mensch ständig unbewusst und spiegelt nicht etwa seine bewussten Wünsche, sondern seinen Schatten. Dieses unbewusste Erschaffen macht das Leben in Menschenhaut unendlich anstrengend.

Ist ein Mensch einmal inkarniert, lebt er oftmals einem Blinden gleich, der von einem Hindernis zum nächsten stolpert, sich ständig irgendwo anstößt und nicht erkennt, dass er sich immer nur selbst im Wege steht und stehen kann.

So macht der Mensch all seine Lebenserfahrungen wahrhaft im Schweiße seines Angesichtes, doch er macht sie nicht vergebens. Niemals ist eine Erfahrung nichtig, unwichtig oder wertlos. Nichts geht jemals in der Ewigkeit verloren. Jede menschliche Erfahrung, einmal durchlebt, hat ewige Gültigkeit. Wird sie auch nicht in alle Ewigkeit als unumstößliche Wahrheit erlebt, so doch als unbestritten erfahrene, selbst geschaffene Realität.

Jede Erfahrung, die ein Menschenwesen macht, ist eine göttliche Allmachtsdemonstration. Je klarer der Mensch sich dessen bewusst wird, umso liebevoller werden die Erfahrungen sein, die er zu verwirklichen in der Lage ist. Wer würde in der Erkenntnis und im Lichte seiner Göttlichkeit etwas anderes als Liebe manifestieren wollen? Wo Gott sich spiegelt, ist nur Liebe.

»Der Mensch ist Geist – und der
Geist triumphiert über die Materie.
Das ist alles, was der Mensch wissen muss.«
White Eagle

16. Ein-Sicht

Im Zentrum der Macht

Die unerkannte Wirklichkeit von Gedanke und Gefühl

Meine liebe Freundin, mein lieber Freund, wir haben gesehen, dass sich der Mensch im Allgemeinen des geistigen Wesens der Materie kaum oder zumindest nur sehr bedingt bewusst ist. Im Besonderen aber bist Du Dir des *eigenen* geistigen Wesens nicht bewusst.

Diese Diskrepanz zwischen dem, was Du wirklich bist, und dem, was Du von Dir selbst wahrnimmst, ist die größte Hürde für Deine Selbsterkenntnis, weil sie die grundsätzliche ist. Du siehst in den Spiegel und glaubst, Du seiest der Körper, den Du dort siehst. Nun, dem ist auch so: Dein biologischer Körper ist materialisierte Seele, *Deine* Seele, die sich zu Materie verdichtet. Der physische Körper ist vorübergehende Form für ewigen Inhalt, denn die Seele nutzt sich selbst als Formgeber für ihren großen Zweck der göttlichen Planerfüllung. Wenn auch Form und Inhalt von ihrer Essenz her dasselbe sind, weil aus demselben Stoff geformt, so ist Deine *Identität* dennoch nicht von der vergänglichen Form abhängig, sondern vom ewigen Inhalt.

Dein Identitätsgefühl und die Integrität Deines Bewusstseins bleiben ewig unangetastet, und zwar unabhängig davon, ob Du in der Physis bist oder nicht. Deine Existenz ist wahrhaft unabhängig von jeglichen materiellen Vorgaben und Bedingungen. *Du* bist die Bedingung für die Materie und nicht umgekehrt.

Der Mythos des Perpetuum mobile bewegt die menschlichen Gemüter seit Urzeiten. Woher kommt dieser Traum von der Existenz einer wundersamen Energiequelle, die sich nie erschöpft, weil sich ewig aus sich selbst heraus erneuernd, ohne auf Energiezufuhr von außen angewiesen zu sein?

Nun, alle Physiker werden sich einig sein, dass dies völlig unmöglich ist, ein Hirngespinst und Wunschtraum, denn Energie muss irgendwo herkommen, irgendwo hingehen und verwandelt sich dabei. Dennoch hängt der Mensch dieser Idee nach und so kann es nicht sein, dass es dieses wundersame Ding nicht gibt, denn sonst könnte niemand danach suchen.

Ihr findet es nicht, weil Ihr es am falschen Ort sucht, außerhalb von Euch selbst: Alles-was-Ist, Bewusstsein, Leben, *Du* ist bzw. bist das Perpetuum mobile, das Einzige, das es jemals geben kann. Als lebendiger, integraler Teil von Alles-was-Ist bist Du ewige, sich aus sich selbst heraus erneuernde Energie. Bewusstsein verschleißt nicht, altert nicht und kann sich nicht aufbrauchen, es ›existiert und lebt einfach ewig weiter‹. Alles-was-Ist braucht keine Energiezufuhr von außen: Was alles impliziert, schließt auch alle Energie mit ein und kennt kein ›Außen‹. Das Wunder der grenzenlosen Größe und Herrlichkeit Gottes ist auch das Deine.

Gedanken sind stärker als alle Naturkräfte, sie erschaffen das Neue und verändern das Alte. Gedanken sind kreativ, sie sind schöpferisch. *Jeder* Gedanke ist ein Ausdruck göttlicher Schaffenskraft und hat Folgen. Naturkräfte haben keine Folgen, sie *sind* Folge geistiger Kräfte. Naturkräfte sind nicht schöpferisch in dem Sinne, dass sie ursächlich wären. Sie sind Gesetze der Anpassung und daher schöpferisch in ihrer Wirkung. Geistige Gesetze sind kreativ, sie sind Gesetze der Freiheit. Geistige Gesetze erschaffen Natur, Naturgesetze weisen sie in ordnende Schranken, die es für den Geist nicht gibt. Für das Bewusstsein gibt es immer nur die Schranken, die es sich selbst auferlegt. Die Naturgesetze sind das Fußvolk der geistigen Gesetze.

Das Verhältnis von Geist und Materie ist wie das Verhältnis eines Filmprojektors zu seiner Projektion: Materie ist wie ein Bild, das von einem dafür ausgestatteten Gerät in den Raum projiziert wird. Niemand wird bezweifeln, dass der Projektor das wirklich ›existierende‹ Objekt ist und nicht etwa das Bild. Nun, Du hältst das Bild für real und das ist sein Sinn und Zweck, wenn auch nicht sein Endzweck.

Sowie Du erkennst, dass Du der Projektor bist, hat die Projektion ihre Schuldigkeit getan. Wir haben bereits gesehen, dass Bewusstsein nicht etwa Gedanken und Gefühle *hat*, sondern dass Geist Gedanke und Gefühl *ist*: Du bist das, was denkt und fühlt, ebenso, wie Du das von Dir Gedachte und Gefühlte bist.

Deine Gedanken und Gefühle sind Ausdehnungen Deiner selbst. Wo Gedanke und Gefühl sind, da ist Bewusstsein.

Geist ist von seiner göttlichen Natur her kreativ. Bewusstsein kann nicht sein, ohne gestalterisch und schöpferisch zu wirken. Das ist sein göttliches Erbe. Denken ist der schöpferischste Akt im Universum. Tatsächlich ist es der einzig Mögliche. Alles, was jemals erschaffen wurde, ist durch die formgebende Kraft des Gedankens in den physischen Ausdruck gebracht worden. Was nie gedacht wurde, wurde nie erschaffen und kann folglich nicht sein. Gedankenkraft ist Bewusstsein und daher die einzig wirkliche Schöpferkraft: *Denken ist göttlich.*

Glauben ist erschaffen, denn glauben ist denken, *dass es so sei*. Du würdest gut daran tun, Dir des Öfteren zu vergegenwärtigen, wie wirklich Deine Gedanken sind. Tatsächlich sind sie so *wirklich*, dass sie in anderen Dimensionen vollkommen sichtbar und offensichtlich sind. In geistigen Welten kann man Gedanken und Gefühle ›lesen‹, sie sind so selbstverständlich sichtbar wie für Dich die Zeilen dieses Buches. Nun, es dürfte für Dich interessant und nützlich sein zu erkennen, wie unbehaglich Du Dich bei diesem Gedanken fühlst. *(Anm. der Verfasserin: Scherzhaft gesagt).*

Menschen neigen zu dem Glauben, ihre Gedanken und Gefühle seien gleichgültig, sie hätten keinerlei Auswirkungen, solange sie nicht aktiv in die Tat umgesetzt werden. Denken *ist* jedoch kreativer Akt der Handlung: Was gedacht ist, das *ist* in gewisser Weise getan, denn jedem Ereignis und jeder materiellen Erscheinung geht der Gedanke voraus.

Deine Geistesinhalte werden auch ohne Dein aktives Zutun in irdische Realität umgesetzt. Sie ist nicht zwingend von Deinem aktiven Handeln abhängig, denn die materielle Umsetzung in physische Erfahrungsrealität ist eine extrem komplexe Angelegenheit von Wirkungen und Wechselwirkungen. Deine göttliche Schöpferkraft ist nicht auf Deine Anerkennung angewiesen, sie *ist* so oder so, denn die Illusion der Machtlosigkeit kann niemals Wahrheit sein. Willst Du Deine Macht jedoch ›aktiv‹, also *bewusst,* lenken, bedarf es sehr wohl Deiner Anerkennung, denn Dein freier Wille ist uneingeschränkt und unantastbar.

Was Du nicht anerkennst, das willst Du nicht.

Wenn der Mensch seine Gedanken und die ihnen folgenden Gefühle als mächtig erkennt, beginnt er, sie zu fürchten. Wer aber seine Gedanken und Gefühle fürchtet, der fürchtet sich selbst. Die Furcht vor dem eigenen geistigen und emotionalen Innenleben entfernt den Menschen von seiner Spontaneität und Unbefangenheit im Umgang mit sich selbst und schafft eine künstliche und unangemessene Distanz. Diese Furcht basiert auf falschen Voraussetzungen.

Der Mensch, der sich seiner Macht bewusst wird, tappt in die Falle seiner eigenen Verurteilung. Nur die Bewertung seiner selbst lässt ihn in die Angst sinken. Die Schöpferkraft der Gedanken ist gottgegeben, ihre Verurteilung jedoch kommt aus dem Ego. Wenn Du Dir Deiner Macht bewusst wirst, ist es verständlich, dass Du erst in dieses Bewusstsein hineinwachsen und damit vertraut sein musst, bevor Du unbefangen und spielerisch mit der neuen Wahrnehmung Deiner selbst umgehen kannst. In jedem Lernprozess kommt es mitunter zu subtilen und groben Fehleinschätzungen. Das Bewusstsein der Gedankenkraft schließt den *spielerischen* Umgang mit diesen Kräften in keiner Weise aus. Im Spiel lernt der Mensch am leichtesten und auch am nachhaltigsten. Erschaffen ist göttliches Spiel und allem Göttlichen wohnt natürliche Freude inne.

Positiv und Negativ bilden eine Einheit, zwei verschiedene Facetten ein und desselben Prinzips. Es mag ein Mensch sich noch so sehr zu positiven Gedanken durchringen, die Tatsache allein, dass er mit sich ringen muss, beweist den negativen Schatten. Diesem Schatten wird er in jedem Falle Ausdruck verleihen, ebenso wie seinem Lichte. Solange er diesen Schatten verleugnet, wird er ihm hilflos ausgeliefert sein und ihn manifestieren.

Nur das, was der Mensch anerkennt, kann er integrieren und überwinden. Es geht für den Menschen darum, sich auf eine Forschungsreise in sein Innerstes zu begeben. Wer sich selbst *spielerisch* und *liebevoll* nachspürt, wird viel weiter kommen als jener, der sich selbst ängstlich und misstrauisch beäugt. Das Bewusstsein für die Inhalte des Denkens sollte geschärft werden, ohne sie zu verurteilen oder sie sich zu verbieten. Du solltest *alle* Deine Gedanken zulassen und sie in Respekt vor Dir selbst erforschen statt verurteilen. *Niemand* ist da, der Dein Denken beurteilt und bewertet, nur Du tust das.

Das Universum wertet nicht, es spiegelt. Wenn Du morgens in den Spiegel siehst, dann ist es nicht Dein Spiegel, der ein Urteil über Dich fällt, oder? Es geht darum, dass Du erkennst, wie Du das Innen nach Außen bringst. Du solltest Dir selbst liebevoll dabei zusehen, wie Du mittels Gedankenkraft Realität erschaffst, ohne Dich ändern zu wollen. Es geht nicht darum, Dich zu verändern, es geht vielmehr darum, Dich zu erkennen. Es ist ein Unding, Dich selbst für Deine Gedanken zu verurteilen. Es ist, genau wie die Verurteilung Deiner Gefühle, die unmittelbare Verwerfung Deiner selbst. Sich wegen seiner Gedanken und Gefühle verurteilen heißt, sich nicht für das, *was* man ist oder zu sein glaubt zu verurteilen, sondern für die Tatsache, *dass* man ist: Verurteilung des Bewusstseins ist Verurteilung des Seins.

Wo keine Liebe ist, kann kein positives Denken sein. Wenn Du Dich zum Gefängniswärter Deiner eigenen Gedanken machst und nur den vermeintlich guten die Tür für den Hofgang öffnest, wird Dein liebloses Selbstbild schon allein durch den Glauben an die Notwendigkeit, so zu handeln, mit jedem Mal bestätigt und vertieft. Und so erhältst und bekräftigst Du genau das, was Du so verzweifelt loswerden willst. Kompromisslos und unbeugsam solltest Du nur in dem Bestreben und dem Bemühen sein, Dich selbst zu lieben, zu achten und zu ehren. Mit unausweichlicher Konsequenz wirst Du auch andere lieben.

All Deine Gedanken, positive wie negative, haben ihre Berechtigung. Freiheit des Denkens ist Gottes Geschenk an Dich. Gott hat Dir die Möglichkeit und somit das Recht verliehen, Deine Gedanken und damit Dein Identitätsgefühl frei zu wählen. Du kannst von dieser Freiheit uneingeschränkt Gebrauch machen und Du tust es. Jeder Mensch tut es. Wenn Du die Freiheit des Denkens nutzt, um zu erkennen, *wohin* sie Dich führt, wird *jeder* Deiner Gedanken Dir zum Segen gereichen.

Der Glaube – und damit der Gedanke – ist immer und ausnahmslos für die Gefühle verantwortlich. Fühlen entspringt dem Denken und folgt ihm. Das Erleben des einen verschmilzt so harmonisch mit dem Erleben des anderen, dass sie nur als Einheit erlebt werden können.

Gedanke und Gefühl sind immer und ausnahmslos in Einklang miteinander.

Besteht ein scheinbarer Widerspruch zwischen Gefühl und Gedanke, so werden die wahren Glaubensinhalte verleugnet. In diesem Falle lasst Ihr die wahren Gedankeninhalte einfach nicht ins Bewusstsein dringen, Ihr seht Euch selbst nicht an. Dies ist immer dann der Fall, wenn Ihr Euch vor Euch selbst fürchtet und die Anerkennung Eurer Gedanken Euch in Konflikt mit Euch selbst stürzen würde.

Die Verleugnung von Gefühl oder Gedanke zieht immer eine Abspaltung von Teilen des Selbst nach sich. Dies ist gang und gäbe, wenn Menschen in einer schwierigen Situation sind. Der Versuch, Gedanke von Gefühl oder Gefühl vom gedanklichen Inhalt abzuspalten, kommt dem Wunsch gleich, sein zu wollen, ohne zu sein. Es ist ein berechtigter Selbstschutzmechanismus, der die Illusion nutzt, um die Illusion der Bedrohung zu überstehen.

Menschliche Erfahrung besteht aus der Kombination einer intellektuellen und einer emotionalen Komponente. Die komplette ›Information‹ eines Augenblicks hat immer sowohl einen gedanklichen als auch einen emotionalen Inhalt. Beide Aspekte des Erlebens sind die göttlichen Seinsattribute, die das menschliche Leben definieren. Kein Gedanke und kein Gefühl kann jemals ohne Wirkung bleiben. Mit anderen Worten: *Du erntest, was Du säst.*

»Jeder Gedanke ist ein Baustein
am werdenden Schicksal –
im Guten wie im Bösen.«
Prentice Mulford

17. Ein-Sicht

Die Logik des Universums

... oder die leidige Frage,
warum alles seine zwei Seiten hat

Mein lieber Freund, meine liebe Freundin, die Unterwerfung unter das Gesetz der Dualität liegt in der Natur dieser Wahrnehmungsebene, sie ist Deine Eintrittskarte für diese Welt. Du kannst Dir eine Wirklichkeit außerhalb dualer Spaltung nicht vorstellen, weil Du selbst in Deinem menschlichen Ausdruck nach diesem Prinzip ›aufgebaut‹ bist. Du bist angelegt und ausgerüstet, sozusagen hochspezialisiert darauf, Wirklichkeit polar zu erfahren. Anders kannst Du irdische Realität überhaupt nicht erfahren, sie würde sich Deiner Erlebbarkeit entziehen.

Alles ist gespalten, sogar Du selbst. Du erlebst Dich selbst in dualer Weise, wenn Du einen Gegensatz zwischen der Göttlichkeit Deines Höheren Selbst und der Menschlichkeit Deines Ego wahrnimmst. In Wahrheit ist diese Trennung fiktiv, es gibt nur ein einziges ›Du‹.

Der offensichtlichste aller polaren Spaltungsaspekte in Deiner Welt ist die Teilung der Geschlechter. Wie *jeder* andere Spaltungsaspekt, ist auch dieser rein fiktiver Natur, denn jedem Bewusstsein wohnen gleichermaßen das Männliche wie auch das Weibliche inne. Schon die Erfahrung von Materie und Geist als scheinbare Gegensätze ist in letzter Konsequenz eine Illusion.

Die Dualität bildet die Grundlage jeder Erkenntnisfähigkeit. Du kannst die Gültigkeit eines Prinzips erst durch Ausschluss seines Gegenteils erkennen. Nun, im Grunde ist es kein Ausschluss des Gegenteils, sondern seine Einbeziehung, denn Du beziehst es sozusagen als Vergleichswert ein und integrierst es so in das vorhandene Prinzip. Somit ist die ewig gültige Einheit erkannt, wenn auch vorerst auf unbewusster Ebene.

Es kann kaum einfach sein, einem ›gespaltenen‹ Wesen in einer dualen Wirklichkeit den illusionären Charakter der Spaltung und die göttliche Einheit aller Dinge zu erklären. Die Einheit muss ein abstraktes Gedankenmodell bleiben, weil sie nicht erlebbar ist. Polarität ist ihrem Wesen nach illusorisch, weil sie Unvollständigkeit ist. In der Wirklichkeit von Alles-was-Ist kann Unvollständigkeit keinen Sinn haben, weil nur das Absolute möglich ist.

Dualität ist die *scheinbare* Spaltung einer Einheit zum Zwecke der Erkenntnis. Genauso, wie der Mensch niemals wirklich, sondern nur scheinbar, die Einheit mit Alles-was-Ist verlassen hat, so ist auch die Polarität nur eine Frage der Wahrnehmung auf dieser bestimmten Erkenntnisebene. Dualität ist göttliches Werkzeug zur Erkenntnis des Mysteriums der Einheit von Alles-was-Ist. Nur innerhalb der dualen Wahrnehmung ist die Komplexität des Göttlichen widersprüchlich. Die Absolutheit Gottes schließt Pol und Gegenpol ein – ja, sie muss es sogar –, denn sonst wäre das Absolute nicht absolut. Alles-was-Ist existiert jenseits und über aller Dualität und so kann Gott *gleichzeitig* sowohl unveränderlich als auch ewig wandelbar sein. Das eine ist so wahr wie das andere. Gott ist außerhalb der Polarität und doch auch in ihr, so wie jeder Schöpfer über seiner Schöpfung steht und doch auch in ihr ist. Gott ist unwandelbarer Wandel.

Meine liebe Freundin, mein lieber Freund, was hat das jetzt alles mit Dir und Deinen Problemen zu tun? Nun, es hat alles damit zu tun. Dualität ist die Wurzel all Deiner Übel – und ebenso Dein Segen. Weil selbst die Dualität dual ist, ist sie gleichzeitig Segen und Fluch. Die Spaltung der Wirklichkeit, denn das ist Polarität, ist die Basis Deiner Wahlmöglichkeit. Dank der Dualität kannst Du wählen, also freien Willen manifestieren. Du musst Entscheidungen treffen, weil Du keine andere Möglichkeit hast. Die Dualität lässt Dir *jede* Wahlmöglichkeit, nur nicht die, nicht zu wählen.

Auf der Erde herrscht sozusagen allgemeine Wahlpflicht *(Anm. der Verfasserin: Scherzhaft gesagt)*. Diese Wahlfreiheit impliziert die Möglichkeit der ›falschen‹ Wahl. Wo die Möglichkeit der Entscheidung gegeben ist, besteht innerhalb der Dualität automatisch die Möglichkeit der Fehlentscheidung. Außerhalb von Dualität sind Leben und damit Entwicklung für Dich nicht vorstellbar, solange Du in menschlichem Ausdruck bist. Dennoch solltest Du Dich mit dem fiktiven Charakter des dualen Erlebens auseinandersetzen. Tatsächlich hat auch der Mensch innerhalb seiner Welt die Möglichkeit, sich emotional und intellektuell über polares Erleben zu erheben. Dies ist so, weil Bewusstsein nur ein anderes Wort ist für Gott und Gott ist außerhalb von Spaltung. Mit anderen Worten:

Gott hat kein Gegenteil.

Was alles ist, schließt auch sein Gegenteil mit ein. Was alles einschließt, kann nichts außerhalb seiner selbst zurücklassen. Was aber nicht außerhalb ist, kann kein Gegenteil sein. Was nicht gespalten ist, das ist geeint. Intellektuell erhebst Du Dich über die Dualität, *wenn Du nicht wertest.* Emotional erhebst Du Dich über die Dualität, *wenn Du liebst.* Immer dann, wenn Du aus Deiner Göttlichkeit heraus handelst, stehst Du über der Dualität, d. h. also immer dann, wenn Du liebst.

Liebe hebt die Illusion der Spaltung auf, weil sie die Essenz der Wahrheit ist und Dich an Gott erinnert. Wenn Du liebst, wenn Du nicht urteilst, verbindest Du Dein Bewusstsein mit Deinem göttlichen Ursprung. Liebe ist die einzige Möglichkeit der Wiedervereinigung mit dem Schöpfer, sie ist Rückkehr in die Einheit, sie ist Überwindung der Spaltung. Nur in der Liebe kann die Dualität als Illusion erkannt werden. Immer dann, wenn ein Mensch liebt, lebt er aus Gott heraus und sich selbst in Gott hinein: Was liebt, das *ist* Gott.

Immer dann, wenn ein Mensch liebt, lebt er aus Gott heraus und sich selbst in Gott hinein.

Ein Mensch, der nicht urteilt, verweigert der Spaltung die Anerkennung. Nicht urteilen bedeutet die Akzeptanz der Einheit als gültige Wirklichkeit. Was gibt es zu verurteilen, wenn es nur Eines gibt, wenn nichts gegeneinander aufgewogen werden kann? Nur wo Spaltung ist, kann Vergleich, Wertung, Wahl, Urteil sein. Wo Einheit ist, gibt es keine Wertung, weil Wertung von der Wahrnehmung eines Vergleichswertes abhängig ist. In der Einheit werden Wert und Vergleichswert als ein und dasselbe erkannt. Und so liegt der Segen der Dualität für Dich schließlich in der Tatsache, dass Du Dich über sie erheben kannst, obwohl Du ihr unterworfen und an sie gebunden bist.

Wenn ein Mensch wertet, leidet er. In gewisser Weise leidet er schon allein durch die Tatsache, dass er sich zu werten gezwungen sieht. Der Vorgang des Wertens, des Beurteilens, impliziert immer einen gewissen Leidensdruck, weil er den Zustand der Unvollkommenheit voraussetzt.

Gott wertet nicht, weil es in Ihm keine Unvollständigkeit gibt. Gemäß Eurem Sprichwort, liegt in der Wahl immer auch die Qual, denn Wahl impliziert gleichzeitig immer auch Verlust: Wenn Du etwas zu tun wählst, dann hast Du gleichzeitig gewählt, etwas anderes *nicht* zu tun. Du hast wählen *müssen*, etwas anderes nicht zu tun. Wahl ist sowohl Freiheit als auch Einschränkung. Nur wer nicht gezwungen ist, sich gleichzeitig *für* und *gegen* etwas zu entscheiden, hat wahrhaft Wahlfreiheit. Dies ist in der Dualität dieser Dimension jedoch nicht möglich. Indem Du etwas bekommst, hast Du also gleichzeitig die Erfahrung von Entsagung und Einschränkung gemacht.

Es ist des Menschen Los und auch seine Chance, zu einer Beurteilung der Situation gezwungen zu sein, wenn er eine Entscheidung treffen soll. Um leben zu können, musst Du ständig wählen und Entscheidungen treffen. Ohne Beurteilung ist Wahl jedoch nicht möglich. Da Du aber nicht etwas tun und es gleichzeitig auch lassen kannst, musst Du wählen. Du musst Dich immerzu entscheiden und deshalb ist Beurteilung in Deinem Leben immer auch Verurteilung.

Du integrierst das, wofür Du Dich entscheidest, dadurch, dass Du es wählst, und Du integrierst dasjenige, wogegen Du Dich entscheidest, ebenso durch Deinen Akt der Verwerfung. Nur wenige Menschen sind sich dessen bewusst. Das nicht Wünschenswerte ist durch das Werturteil genauso sicher identifiziert wie das Gewünschte. Was Du als weniger wünschenswert beurteilst, dasjenige, wogegen Du Dich entscheidest, ist abgelehnt und doch ist es ein Teil von Dir geworden, denn es wurde verstanden.

Der Mensch hat schon sehr viel erreicht, wenn er sich im Klaren darüber ist, dass er eine Wahl nur deshalb treffen kann, weil er auch eine andere hat. Dem Dunkel verdankst Du das Helle, dem Bösen verdankst Du das Gute und der Angst verdankst Du Deine Wahrnehmung von Frieden und Liebe. Wenn Du die Wahl hast, dann solltest Du ebenso segnen, was Du *nicht* wählst, denn ihm verdankst Du den Genuss des Gewählten.

»Wenn der Schwan beim Raben sitzt,
ist er umso weißer.«
Deutsches Sprichwort

18. Ein-Sicht

Die Illusion der Schuldfähigkeit

In dubio pro reo – Im Zweifel für
den Angeklagten

Mein lieber Freund, meine liebe Freundin, wir sprachen über das Wesen der Dualität und die damit verbundene Möglichkeit des Irrtums. Andererseits wiederum haben wir festgestellt, dass es kein ›Falsch‹ gibt. Dies ist nur ein scheinbarer Widerspruch. Es ist, wie so oft, eine Frage der Ebene, von der aus man die Dinge betrachtet, und dies sollte Dich nicht schrecken.

Dein Bewusstsein ist sehr wohl in der Lage, mit Leichtigkeit und Eleganz über verschiedene Ebenen hinweg zu denken und zu fühlen. Nun, Dir ist natürlich nicht jede Ebene und damit nicht jede Sichtweise dienlich. Wenn eine Information Dir von Nutzen sein soll, muss sie Deiner gewohnten Wahrnehmungsebene übergeordnet sein, damit sie Deine Sicht zu erweitern in der Lage ist. Erfüllt eine Information nicht diesen Zweck, ist sie kaum ein Gewinn für Dich.

Andererseits muss sie nachvollziehbar sein, also von Deinem jetzigen Standpunkt ausgehend, denn wenn Du ihr nicht nachspüren kannst, kannst Du Dich ihrer auch nicht bedienen und sie bleibt so nutzlos wie neue Kleider, die im Schrank hängen und nicht getragen werden.

Innerhalb Deines Wertesystems sind ›Irrtum‹ und ›Fehler‹ ein und dasselbe. Irren ist für Dich ein Synonym für ›etwas falsch machen‹. Wir haben jedoch gesagt, dass es nur ›Richtig‹ gibt. Du kannst irren, aber Du kannst keine Fehler machen! Du kannst deshalb keine Fehler begehen, weil der Irrtum immer und ausnahmslos zur Wahrheit führt.

Irrtum ist die Kehrseite der Medaille der Wahrheit, ihr duales Gegenprinzip, und somit untrennbar mit ihr verbunden. Irrtum führt sich selbst dadurch der Berichtigung zu, dass er ist, was er eben ist: Irrtum. Gott macht sich selbst, *Dir*, Scheitern unmöglich: *Fehler sind unfehlbar fehlbar.*

Das Potenzial für Irrtum ist der verhasste und missverstandene Nährboden jedes Evolutionsprozesses, das der Mensch am liebsten verleugnen oder ausmerzen möchte. Doch der Irrtum ist Teil Deines Werdens, Teil Deiner Identität, und Deine Irrtümer ablehnen bedeutet, Dich selbst ablehnen. In Wirklichkeit kannst Du nie ohne Fehler sein, Du ›musst‹ Fehler machen, Du kannst gar nicht anders. Fehler kommt von ›fehlen‹ und deutet darauf hin, dass ›etwas fehlt‹, also unvollständig ist.

In Deiner dualen Welt kannst Du niemals wählen ohne den Ausschluss des Gegenpols. Wahl ist Ausschluss und welche Wahl Du auch immer triffst und treffen musst, immer ist sie ein Akt der Selektion. Im wahrsten Sinne des Wortes kannst Du niemals vollständig sein und musst immer fehlen, solange Du an die polare Wahrnehmung gebunden bist.

Wenn Du Licht in Deinem Hause willst, was brauchst Du dann, den Fensterrahmen oder das Loch darin? Deine ganze Sicht der Welt beruht auf dem Konzept von Richtig und Falsch. Im Grunde ist in Eurem Wertesystem das Prinzip ›Richtig und Falsch‹ nur eine andere Bezeichnung für ›Gut und Böse‹. An diesem Punkt fängt die ganze Sache an, so richtig persönlich und damit erst recht unangenehm zu werden *(Anm. der Verfasserin: Scherzhaft gesagt)*: Richtig oder falsch ist vielleicht noch die Sache als solche, aber gut oder böse bist Du!

Damit hat der Mensch die ganze Situation verlagert. Er überträgt die Wertung von ›außen nach innen‹ – auf sich selbst. Hat der Mensch diesen entscheidenden Schritt erst einmal getan, fangen seine Probleme wahrlich erst an: Es geht nicht mehr um Wachstum und Erkenntnis, denn nichts anderes sind Fehler und Irrtum, jetzt geht es um persönliche *Schuld.* Schuld ist eine Illusion des Ego. In Deiner göttlichen Wirklichkeit ist das Egokonstrukt der Schuld völlig sinnlos. Schuld ist nur für denjenigen real, der sich selbst nicht erkennen will.

> *In Gott gibt es kein Gut und Böse, in Ihm sind die Dinge entweder wirklich oder unwirklich.*

Eine Idee wird entweder als Teil des Selbst erkannt oder aber nicht. Sie ist nur so lange eine Idee, die nicht Teil Deines Selbst ist, wie Du sie nicht als solches integrierst. Es ist also letztlich eine Frage der Wahrnehmungsebene: Je höher die Ebene, auf der sich ein Bewusstsein befindet, desto weniger wird es Unvollkommenheit und damit Schuld als Realität anerkennen. Schuldhaftigkeit ist Schuld gegen *sich selbst.* Der Mensch, der sich schuldig fühlt, bleibt sich selbst wahrhaft etwas schuldig: Er bleibt sich Liebe schuldig.

Wenn Du Schuldgefühle hast, gibst Du Dich mit weitaus weniger zufrieden, als Deine Göttlichkeit Dir anbietet. Du begnügst Dich mit einer irrigen Sicht auf Dich selbst, einer Sicht, die mit der Wirklichkeit Deines Wesens nichts zu tun hat.

Wer Schuld in sich selbst sieht, sieht Mangel und Unvollkommenheit. Das kann nicht Gottes Blick auf seine Schöpfung sein. Wenn Du Dich schuldig fühlst, erwartest Du eine Verbesserung der Situation. Im Grunde erwartest Du von den Schuldgefühlen, dass sie *Dich* verbessern. In dieser Welt stehen Schuldgefühle sehr hoch im Kurs, nur wer sich schuldig fühlt, scheint ein ›guter‹ Mensch zu sein. Es ist jedoch ein Trugschluss zu glauben, Schuldbewusstsein sei Bedingung für Liebesfähigkeit. Tatsächlich ist im ureigensten Sinne das Gegenteil der Fall. Schuldgefühl ist Selbstzerstückelung und wer sich selbst zerstört, der muss folglich auch alle anderen sabotieren.

Nach menschlichem Ermessen erscheint das Bewusstsein von Schuld nur deshalb konstruktiv, weil Ihr die Anerkennung von Irrtum automatisch mit Schuld gleichsetzt. Tatsächlich handelt es sich jedoch hier um zwei völlig verschiedene Dinge. Die Anerkennung von Irrtum ist in der Tat ein höchst kreativer, weiser und liebevoller Vorgang. Die Einsicht von Irrtum und seine *Berichtigung* ist ein komplexer, gottgewollter Wachstumsprozess, der als solcher weder angstauslösend noch lebensfeindlich sein muss und sein sollte. Da die Erweiterung des Selbst göttliches Evolutionsprinzip ist, ist sie von Natur aus lustvoll für denjenigen, der sich dieser Lebensdynamik furchtlos und liebevoll hingibt.

Die Zuweisung von Schuld ist jedoch alles andere als das. Schuldbewusstsein ist destruktiv und lebensfeindlich, denn es greift die Wahrheit über Dich an:

Schuld ist die Verleugnung Gottes in Dir.

Schuldgefühle ziehen unfehlbar Angst nach sich. Schuld ist getarnte Angst. Schuld ist Angst vor Gott, denn sie will das Vollkommene unvollkommen machen und das Unschuldige schuldig. Schuldgefühle entspringen dem Wahn des Ego, es könne Gott angreifen, aushebeln und wirkungslos machen.

Das Göttliche Du hat jedoch nur Liebe für das Ego-Du, weil Gott nur Liebe *ist*. Nur wenn das Ego sich selbst angreift, glaubt es wirklich an seine Macht. Es kann Gott nicht wirklich angreifen und geht sich selbst in die eigene Falle. Wir erinnern uns: »*Nichts Wirkliches kann bedroht werden.*«[6] Es ist eine menschliche Eigenart, sich durch Schuldgefühle vom Druck der Verantwortung, den man zu fühlen glaubt, entlasten zu wollen. Tatsächlich aber verwechselt Ihr die Dinge, Ihr verwechselt Schuld und Verantwortung.

Die Angst vor Schuld löst immer Druck aus. Verantwortung ist gottgegebene Freude an der eigenen Macht. Wo Schuld den Menschen erdrückt, da verleiht Verantwortung ihm Flügel. Es obliegt der Verantwortung jedes Menschen, in Frieden und Eintracht mit seinen Irrtümern durchs Leben zu gehen. Wer sich selbst seine Irrtümer zugesteht, wird auch seinen Mitmenschen die ihren zugestehen und nachsehen. Die Nachsicht mit den eigenen Irrtümern ist die Vorstufe der Erkenntnis, dass es nichts zu verzeihen gibt.

Schuldgefühle sind Wölfe im Schafspelz, die sich nur zur Tarnung als harmlos oder gar förderlich darstellen. Nichts, was Dich an der Liebe zu Dir selbst hindert, kann jemals harmlos sein, weder für Dich selbst noch für andere. Und so scheint es, als huldigten Schuldgefühle dem Schöpferischen und dienen doch nur dem Zerstörerischen.

Das wirklich Fatale an der Schuldillusion ist die Tatsache, dass sie dem Menschen Schaden zufügt, während sie ihn vom Gegenteil überzeugt. So ordnet sich der Mensch freiwillig dem schlimmsten aller Tyrannen im Dienste des Ego unter. Würde der Mensch nicht um jeden Preis gut sein *wollen*, dann könnte er endlich erkennen, dass er es *ist*. Diese Erkenntnis zu verhindern, ist Sinn und Zweck der Schuldillusion.

Der Mensch, der sich im Irrtum wähnt, fühlt sich schuldig. Dennoch sind es zwei völlig verschiedene Dinge, Irrtum zu erkennen und sich schuldig zu fühlen. Die Erkenntnis von Irrtum bewirkt einen sehr aktiven, lebendigen Akt der Berichtigung. Schuldbewusstsein jedoch löst das Gegenteil aus: Schuld lähmt. Sie lähmt den Willen zur Macht und erschwert damit jegliche korrigierende Reaktion.

Schuld absorbiert die Energien, die notwendig sind, die gewünschte Veränderung zu bewirken. Die Menschheit glaubt, kollektiv betrachtet, ihre Fähigkeit zum Schuldbewusstsein sei ihre Rettung. Rettung *wovor?* Der grundlegende Denkfehler über das, was Du zu sein glaubst, tritt im Angesicht der Schuld offen zutage. Rettung kann nur dort realistisch sein, wo sie notwendig ist. Jeder Mensch innerhalb der Dualität ist mehr oder weniger dem Irrtum verfallen, Schuldbewusstsein sei das korrigierende Element im Menschen, der von Natur aus böse und verderbt sei. Doch das Böse im Menschen ist eine Illusion: Ihr verwechselt Mangel an Selbsterkenntnis und daraus resultierende Fehlwahrnehmung der eigenen Natur mit Boshaftigkeit.

Mangel an Selbsterkenntnis kann immer nur Mangel an Erkenntnis der eigenen Liebesfähigkeit sein. Was sich dem Menschen als Boshaftigkeit darstellen mag, ist keine vorhandene Eigenschaft als solche, sondern vielmehr die mangelnde Wahrnehmung des wahrhaft Vorhandenen. Das Böse, so wie die Welt es versteht, kann es nicht geben: Liebe ist göttlich und existiert somit außerhalb der Dualität. Mit anderen Worten:

Liebe hat kein Gegenteil.

Das Gewissen ist eine ›Erfindung‹ des Ego. Nur was sich von Gott getrennt fühlt, kann sich unvollständig und somit schuldig fühlen. Das Göttliche in Dir braucht kein Gewissen, es *weiß* um Deine Vollkommenheit. Die Wertschätzung Deiner eigenen Person kann immer nur eine Entwertung sein, solange Du nicht mit der untrüglichen Klarheit göttlicher Liebe auf Dich selbst schaust. Erst wenn Du Dich durch Gottes Augen siehst, wirst Du Deine Wirklichkeit erkennen.

Sowie Du es wagst, Dich vom Bewerten und Entwerten, vom Beurteilen und Verurteilen zu entfernen, wenn Du nur einen winzig kleinen Schritt zurücktrittst und Abstand von Deinem Ego nimmst, dann siehst Du die Dinge um Dich herum wie auch Dich selbst mit ganz anderen Augen. Schon ein geringfügiger Wechsel der Perspektive kann die Wahrnehmung in ungeahnter Weise verändern und erweitern: Du hast nicht das geringste Interesse daran, irgendein Urteil über Dich zu fällen. Warum solltest Du? Gott tut es auch nicht!

Mit dem klaren Blick dessen, der keinerlei Grund hat, irgendetwas ändern zu wollen, kannst Du Dich selbst nur noch lieben: Damit änderst Du *alles*. Erst dann, wenn Du aufhörst, anders sein zu wollen, als Du bist, liebst Du Dich. Erst dann, wenn Du aufhörst zu glauben, dass Gott Dich anders haben will, als Du bist, liebst Du Dich. Erst dann, wenn Du aufhörst zu glauben, dass Du Dich erst dann lieben solltest und darfst, wenn Du jemand anderer geworden bist, als Du jetzt bist, dann liebst Du Dich.

Nur der liebt sich, der sich jetzt liebt.

Wenn Du mit Liebe auf Dich selbst schaust, werden Wunder unvermeidbar. Nur Liebe kann Wunder bewirken, sie öffnet Dir die Augen für das Wundervolle in Dir selbst und der gesamten Schöpfung. Je freier von Bedingungen Du Dich selbst liebst, umso bedingungsloser liebst Du auch Deine Mitmenschen.

Der sanftmütige Blick auf Dich selbst ermöglicht den milden Blick auf den anderen. In der bedingungslosen Hingabe an Dich selbst und Dein Leben liegt Deine Erlösung, die nur das Erwachen vom Alptraum der Schuld sein kann. In der *Bedingungslosigkeit* Deiner Selbstliebe liegt die Chance zur Aussöhnung mit Dir selbst, Deinem Schicksal und Deinem Gott. Wenn Du erkennst, dass alles gut ist, so wie es ist, dann bleibt nichts an und in Dir, dass Du anders haben willst. Der einzige Weg zur Erkenntnis, dass alles gut ist, so wie es ist, liegt in der Erkenntnis dessen, dass *Du* gut bist, so wie Du bist: Es gibt keine Vollkommenheit zu erreichen, es gibt nur Vollkommenheit wahrzunehmen. Dein Sein ist in der vollkommenen Ordnung des Göttlichen. Nur Dein Werturteil über Dich und Deine Schöpfungen hat die Dinge gut oder schlecht erscheinen lassen. Wenn Du Dich liebst, so wie Du bist, dann bist Du so, wie Du sein willst.

»Im Urteil über andere spricht
der Mensch sich immer sein eigenes.«
Jean Paul

19. Ein-Sicht

Und Er schuf Dich als Mann und Frau

Die innere Harmonie der äußeren Gegensätzlichkeit

Mein lieber Freund, meine liebe Freundin, es mag auf den ersten Blick befremdlich anmuten, dass man im anderen immer auch sich selbst liebt. Und doch ist und kann es nur so sein, denn Gott ist Einheit und es gibt nur Eines. Wenn es nur ›Eines‹ gibt, kann man nicht ›ein Anderes‹ lieben: Es gibt kein ›Außerhalb‹, alles ist Teil von Alles-was-Ist. Dies zu erkennen ist letztlich Sinn und Zweck der Dualität.

Wir haben gesehen, dass die Spaltung in dieser Welt nichts auslässt. Der offensichtlichste und unmittelbarste aller Spaltungsaspekte, mit dem der Mensch innerhalb der Materie konfrontiert ist, ist die Teilung der Geschlechter. Dieser Spaltungsaspekt betrifft nicht nur Deine Wahrnehmung, sondern Deine Identität bzw. die *Wahrnehmung* Deiner eigenen Persönlichkeit.

Wir haben festgestellt, dass Gott niemals ›Entweder-oder‹ ist, sondern immer ›Sowohl-als-auch‹. Als integraler Bestandteil von Alles-was-Ist sind seine Attribute auch für Dich gültig. Solange der Mensch in die Materie inkarniert, manifestiert er biologisch immer nur einen Aspekt seiner Gesamtpersönlichkeit, die sowohl männlich als auch weiblich ist. Wie bei jeder anderen Dualitätserfahrung geht es auch beim Männlich-Weiblich-Prinzip um die Erkenntnis, dass das *scheinbar* Gegenteilige die andere Seite ein und desselben ist, das nicht getrennt voneinander existieren und sein kann: Wo das eine aufhört zu sein, kann es auch das andere nicht mehr geben.

Polare Gegensätze können nicht separat voneinander sein, nicht etwa, weil sie sich wie ein verliebtes Paar zusammengehörig fühlen, sondern, weil sie *ein und dasselbe* sind: Was sich innerhalb der dualen Spaltung wie ein Paar wahrnimmt, ist nur eins. Was bleibt, wenn Du eins von eins abziehst? Das Männliche kann ohne das Weibliche nicht sein und das Weibliche nicht ohne das Männliche.

Diese Tatsache lässt sich nicht auf die biologische Fortpflanzung der menschlichen Rasse reduzieren. Vielmehr geht es um die göttliche, allumfassende Integrität des Bewusstseins von Alles-was-Ist, die sich erkennen will in der Einsicht, dass sie nichts ausschließt. Das eine kann ohne das andere deshalb nicht sein, weil es Bestandteil des jeweils ›anderen‹ ist und in ihm vorhanden. Ohne das Weibliche *in sich selbst*, ist das Männliche nicht männlich und ohne das Männliche *in sich selbst*, ist das Weibliche nicht weiblich.

So wie alle dualen Prinzipien sind das Maskuline und das Feminine keine sich gegenseitig ausschließenden Gegensätze, sondern sich *ergänzende* Aspekte, die nur durch die gleichzeitige Wahrnehmung des jeweiligen Gegenpols definiert werden können. Ohne die Gegenströmung kann auch die Strömung nicht fließen und alles Leben weicht aus der Bewegung, weil sie aufhört zu sein. Der scheinbaren Passivität der weiblichen Hingabe an das Leben liegt ein höchst aggressiver Handlungsimpuls zugrunde, ohne den sie nicht möglich wäre: Passive Hingabe ist ein äußerst aktiver Akt der Handlung. Aggression, wie sie hier verstanden sein will, ist Handlungsantrieb, Triebfeder jeglicher Form der Energiebewegung und damit göttlicher Evolutionsmotor.

Aggression im göttlichen Sinne hat nichts mit Gewalt zu tun, denn Gewalt ist in höchstem Maße zerstörerisch, während wahre Aggression ein göttliches, lebensspendendes Schöpfungsprinzip ist. Ebenso ist in der Aggression des aktiven männlichen Handlungsaspektes die Passivität der Hingabe inhärent vorhanden. Ohne die weibliche Hingabe an die Handlung ist schöpferische, gestaltende Aktivität nicht möglich. So sind Aktivität passiv und Passivität aktiv und nur scheinbar voneinander trennbar. Schöpferisches Bewusstsein ist nur dort möglich, wo beides gleichzeitig auftritt, denn getrennt voneinander ist keiner der beiden Aspekte existent. Das Weibliche macht das Männliche handlungsfähig und das Männliche macht das Weibliche hingabefähig.

Jeder Aspekt der Dualität trägt seinen Gegenaspekt in sich selbst.

Die Frau im Manne lehrt den Mann das Mannsein, weil sie seine eigene sekundäre Seite spiegelt und ihn somit erst vollständig macht. Ebenso ist die Frau erst Frau durch den Mann *in ihr*, den das Gegengeschlecht im Außen primär ausdrückt und verkörpert. Das so entstehende energetische Spannungsfeld zwischen beiden ist die Antriebsfeder für beider Vervollständigung und damit für beider Selbsterkenntnis. Dieses Prinzip der gegenseitigen Bedingung ist auf alle Wesensaspekte anwendbar, die dem Männlichen oder dem Weiblichen zugeschrieben werden.

So wird dem Weiblichen das Fühlen zugeordnet, während dem Männlichen das Denken zugewiesen wird. Jeder schöpferische Akt entsteht aus der Kombination von beidem. Ohne die emotionale Aufladung gibt es keinen Impuls zur Aktivität. Ohne die gedankliche Information ist die emotionale Stoßkraft richtungslos und würde sich sozusagen im eigenen Kreise drehen, anstatt sich linear auszudehnen.

Jedes kreative Sein setzt gleichermaßen Wissen und Fühlen voraus, um sich ausdrücken zu können. Dem Wissen alleine fehlt die verwirklichende Stoßkraft und es wäre handlungsunfähig, während das fühlende Element alleine die Aktivität nicht steuern könnte. Das eine ohne das andere würde sozusagen in sich selbst erstarren und was nicht in Bewegung ist, das ist nicht, denn die Manifestation ist das Wesen des Lebens. Wie jedes andere Spannungsfeld nur *scheinbar* auf Gegensätzlichkeit beruht, so speist sich auch dieses im Grunde und in Wahrheit aus der *Einheit* beider Aspekte.

Natürliche, lustvolle Spannung kann nur dort sein, wo Gott ist. Wo Er ist, kann jedoch immer nur Einheit sein. Immer dann und überall dort, wo Einheit und Vereinigung rufen, ist die Anziehungskraft unwiderstehlich. Die erlösende Erinnerung an den Urzustand von Alles-was-Ist kann niemals und in keiner Dimension gelöscht werden und ist göttlicher Antrieb, die Rückreise in die ewige Heimat unbeirrt fortzusetzen. Gottes Wille in Dir ist allzeit unüberwindlich.

Der sogenannte ›Kampf der Geschlechter‹ ist ein schier unerschöpfliches Thema und Wasser auf die Mühlen derer, die nicht verstehen wollen, worum es beim Prinzip der Spaltung eigentlich geht. Die Bekämpfung des anderen Geschlechts kann im Grunde und in Wahrheit immer nur Widerstand gegen die verleugnete gegenpolige Seite im Selbst sein, die darauf wartet, erkannt, integriert und erfahrbar gelebt zu werden. Es ist nicht das Vorhandensein gewisser ›typischer‹ Wesensmerkmale im anderen Geschlecht, das gefürchtet und deshalb bekämpft wird. Vielmehr ist es die lebendige, nach Ausdruck drängende Gegenwart dieser unverstandenen Attribute in der eigenen Persönlichkeit, die angefeindet wird. Was im Selbst verleugnet wird, kann unmöglich die Erinnerung im Außen ertragen. Wo es im Innen an Harmonie und Gleichgewicht fehlt, kann keines von beiden außen zu finden sein.

Verleugnet wird, was Angst macht, und Angst macht, was verleugnet wird. Angst geht der Verleugnung immer voraus und fördert sie. Nur das ist furchtauslösend, was im Selbst ein Schattendasein führt. Im Lichte des Verständnisses bleibt das Unbekannte nicht länger bedrohlich und kann alsdann angesehen und als integraler Bestandteil der eigenen Persönlichkeit ausgedrückt werden.

Alles ist Spiegelung und niemand kann sich selbst entfliehen: Wäre die Frau nicht im Manne und der Mann nicht in der Frau, könnte es im Außen keine Geschlechterteilung geben. Genauso wie der vermeintliche Kampf gegen das Andersartige immer nur Abwehr gegen diese Aspekte im Selbst sind, so ist auch die Aussöhnung mit dem anderen Geschlecht immer erst einmal Aussöhnung mit sich selbst. Je mehr ein Mensch mit all seinen Wesensaspekten in Einklang und Klarheit ist, je mehr er sich in der Integrität *beider* Wesensseiten akzeptiert, ehrt und ausdrückt, umso selbstverständlicher wird er auch mit dem anderen Geschlecht in Harmonie sein und umso fruchtbarer werden nicht nur seine Beziehungen, sondern auch seine Handlungen für sich selbst.

Es geht nicht darum, Männlichkeit und Weiblichkeit aufzuweichen und zu verwässern. Es geht nicht um die Herstellung einer scheinbaren form- und gesichtslosen

Androgynie, in der jede Identität verloren geht, sondern um das genaue Gegenteil davon: Es geht um die wahrhaftige Anerkennung sowohl des Weiblichen als auch des Männlichen als gleich gültige Eigenschaften von Alles-was-Ist im lebendigen, freudvollen Ausdruck seiner selbst.

Die Diskussion, welcher der beiden Wesensaspekte, von denen jeder für sich ein komplexes System göttlicher Seinsattribute darstellt, der bessere und wichtigere für die Welt seien, ist in etwa so unsinnig wie die Frage, was denn nun wichtiger für die Erde sei, die Sonne oder der Regen. Lange bevor ein Bewusstsein ein Mann oder eine Frau ist, ist es ein Mensch, eine denkende und fühlende Gesamtpersönlichkeit, die alle Wesensaspekte gleichermaßen in sich vereint. Die geschlechtliche Fokussierung, so massiv sie auch sein mag, umfasst und kennzeichnet bei Weitem nicht die ganze Identität eines Menschen.

Ihr seid als Menschen in dieser Welt sehr stark auf Euer jeweiliges Geschlecht fixiert und Ihr schüttet das Kind mit dem Bade aus, wenn Ihr alle Wesenszüge und Eigenheiten dem Geschlecht zuordnet. Vielmehr ist es so, dass Ihr mit Euren psychischen Charakteristika – intellektuell und emotional – geboren werdet, denn ein Mensch ist bei seinem Eintritt in die Materie kein unbeschriebenes Blatt. Diese für die jeweilige Inkarnation ausgewählten und mitgebrachten Wesensinhalte werden dann in geschlechtstypischer Weise ausagiert. In keinem anderen Lebensbereich polarisiert Eure Gesellschaft so stark wie in diesem Punkt. Ein und dasselbe Verhalten oder die gleiche Eigenheit wird bei Mann oder Frau völlig verschieden eingeordnet und beurteilt und so liegen die viel beschworenen Unterschiede sehr viel mehr in deren Bewertung als in der Sache als solche.

Die ›wirklichen‹ Unterschiede zwischen Frau und Mann und die daraus resultierenden Verständigungsprobleme beruhen weitaus mehr auf anerzogenen Verhaltensmustern als auf angeborenen. Hier ist sehr viel mehr aufgezwungen als naturgegeben. Die Spaltung der Geschlechter ist von weit umfassenderer Bedeutung, als auf den ersten Blick ersichtlich ist und kann nicht auf die biologische Fortpflanzung der menschlichen Rasse reduziert werden.

Beim Durchschreiten der Welt und des Lebens als Mann oder Frau geht es vor allem um die Erfahrung von *Integration*. Wie wir gesehen haben, ist der Mensch in seiner Gesamtpersönlichkeit *sowohl* männlich als *auch* weiblich:

> *Alles-was-Ist ist vollständig und ganz in jedem seiner Teile. Gott ist ungeteilt in seiner Teilung: Darin liegt seine Vollkommenheit, die auch die Deine ist.*

Da duale Spaltung eine an Deine Erfahrungsebene gebundene Illusion ist, kann es nicht anders sein. Alle Facetten des Göttlichen, die seine Eigenschaften sind, sind in jedem Wesen gleichermaßen vorhanden, und zwar *gleichzeitig*. Scheinbar gegensätzliche Aspekte sind nur die verschiedenen Facetten ein und desselben Prinzips, das jedem schöpferischen Prozess vorausgeht.

Wie wir gesehen haben, geht es bei der Spaltung der Geschlechter um die Erfahrung von Begrenzung. Im Laufe der Menschheitsgeschichte hat die Welt diese Fokussierung sozusagen auf die Spitze getrieben. Indem Ihr Euch so tief in Eure Geschlechterrollen einfügt, beschränkt Ihr Euch weit mehr, als es ›von Natur aus‹ notwendig wäre. Ihr habt sozusagen Euer Bewusstsein Eurer körperlichen Ausdrucksform weiter untergeordnet, als die Gegebenheiten es erfordert hätten.

Dies war innerhalb des Kontextes irdischer Erfahrungen angemessen und dienlich. Es wurde Euch glaubhaft suggeriert, dass Männer und Frauen in ihrer Eigenart unvereinbar sind und diese kollektive Fehlwahrnehmung hat durch alle Kulturen hindurch viele Probleme im Gepäck. Es ist relativ einfach, dem Menschen solch einen Unsinn zu vermitteln, weil er grundsätzlich das fürchtet, was er nicht kennt. Wenn ein Mensch sich vor dem anderen Geschlecht fürchtet – und in gewissem Maße tun viele von Euch das –, dann fürchtet er sich vor allem vor der Erkenntnis, dass er nur einen Teil seiner selbst anerkennen und sehen will.

Der Mann ist Mann, um die Frau das Frausein zu lehren, die Frau ist Frau, um den Mann das Mannsein zu lehren. Nur in der Spiegelung durch den Gegenpol ist das in dieser Form möglich. Durch das, wovon der Mensch überzeugt ist, das er sei, lernt er zu erkennen, was er ist und was nicht.

Die Welt war für lange Zeiten eine männlich dominierte. Diese Tatsache soll jedoch hier nicht diskutiert werden. Die Prägung und Beherrschung der Welt durch die Dominanz des männlichen Energieaspektes sind ein kollektives Experiment, mit dem sich *jedes* Wesen, das in diese Welt kommt, einverstanden erklärt hat, und dessen sich jeder auf seine Weise bedient, egal, ob Mann oder Frau.

Jede Art von Einseitigkeit und das daraus resultierende Ungleichgewicht der Kräfte muss und können nur Misserfolg und Disharmonie hervorbringen. Dies gilt kollektiv ebenso wie individuell. Nur dort, wo Polaritäten verschmelzen und im Einklang miteinander sind, finden sich immer und ausnahmslos Segen und Wohlergehen.

Jeder Mensch inkarniert im Laufe seiner Lebenszeiten sowohl in seiner männlichen als auch in seiner weiblichen Ausdrucksform. So spielt Ihr wahrhaft virtuos mit Euren Geschlechterrollen und der jeweils vorherrschenden Energie. Um dieses Rollenspiel herum baut Ihr all Eure Lebenserfahrungen auf. Jeder Einzelne von Euch kennt sich selbst und die Welt aus Sicht des männlichen wie auch des weiblichen Prinzips. Ihr habt beides gleichermaßen genossen wie erlitten. So seid Ihr Euch auf Zellebene der gleichwertigen Gültigkeit beider Aspekte bewusst.

Ihr spielt mit Euren eigenen Energien und schafft spezifische Erfahrungen, indem Ihr in der jeweiligen Inkarnation die eine oder andere ›Seite‹ Eurer Gesamtwesenheit in den Hintergrund stellt zugunsten der jeweils anderen, die betont ausagiert wird. Ihr probiert Euch sozusagen selbst aus und seht, wohin Euch welche Eigenschaft führt. So erforscht Ihr Euch in und durch Euch selbst wie auch in den Erfahrungen mit dem jeweils anderen Geschlecht.

Im ständigen Spannungsfeld von Anziehung und Abstoßung, von Identifikation und Abgrenzung, erkennt und erfahrt Ihr Euch selbst. In Eurem jeweiligen Ausdruck tanzt Ihr einen perfekten Paartanz mit dem jeweils anderen Geschlecht. Immer seid Ihr in vollkommenem Gleichschritt, wenn es Euch auch manchmal wie ein Tanz auf dünnem Eis vorkommen mag. *(Anm. der Verfasserin: Scherzhaft gesagt)*. Dort wo der eine den Schritt nach vorne macht, ist es für den anderen der Rückschritt, und was dem einen die Drehung nach rechts ist, ist dem anderen die Linksbewegung. Nur in der Verschmelzung wird die Bewegung möglich, denn wahrlich, beide sind eins und die Bewegung ist eine einzige und gemeinsame.

Die Harmonie von Zug- und Schubenergie ist durch die Wirklichkeit der Einheit gewährleistet. Jeder der beiden Aspekte vollzieht nur die *halbe* Bewegung und dennoch verwirklicht und spürt jeder sie *ganz*. Sie ist für all ihre Teile vollständig. Der Mann ist männlich, um zu erkennen, dass er ›mehr‹ ist. Die Frau ist weiblich, um zu erkennen, dass sie ›mehr‹ ist. Als *vollständiger* Teil von Alles-was-Ist kannst auch Du nur ›Sowohl-als-auch‹ sein, denn alles, was Er ist, bist auch Du.

»Der Mann ist der Wind,
das Weib das Meer.«
Ernst Moritz Arndt

20. Ein-Sicht

... bis dass der Tod Euch scheidet

Warum Liebesfilme mit dem Beginn der Beziehung enden

Meine liebe Freundin, mein lieber Freund, jeder auf Erden Wandelnde sehnt sich danach, zu lieben und geliebt zu werden. Dementsprechend ist auch der emotionale Aufwand, den Ihr um dieses Thema treibt, ungleich größer als in jedem anderen Lebensbereich. Ihr investiert, in welcher Form auch immer, Unmengen von Lebenskraft. Trotz dieses immensen Aufwandes an Energie hat so ziemlich jeder Mensch, zumindest auf gewissen Strecken seines Lebens, große Probleme mit der Liebe. Kein anderer Aspekt irdischer Lebenserfahrung gilt in gleichem Maße als Minenfeld auf menschlicher Glückseligkeit.

Wir haben schon viel über die Liebe im Allgemeinen, die Liebe als Wesensessenz von Alles-was-Ist, gesprochen. Die meisten Menschen mühen sich ihr Leben lang darum, Liebe zu finden. Und hierin liegt auch schon der Grund für das so oft beklagte Scheitern: Du kannst Liebe nicht *finden*, Du kannst nur Liebe *sein*: Das, was ist, das ist gefunden.

Liebe ist in Dir wie das Licht in der Luft. Liebe ist sich selbst gleichermaßen Ursache und Wirkung.

Was hat es denn nun eigentlich auf sich mit der partnerschaftlichen, romantischen Liebe, wie kommt sie zustande? Nun, Liebe ist das, was sich einstellt, wenn ein Wesen sich selbst im anderen wiederfindet.

Einen anderen Menschen lieben heißt, sich selbst im anderen lieben wie auch den anderen in sich selbst und in ihm selbst.

Wie durch ein Wunder verschmelzen in der Liebe das Ich und das Du zu einem Wir, das sich wie ein Ich anfühlt.

Liebe ist das Wiederfinden seines Selbst in dem, was man als außerhalb seiner selbst wahrnimmt. Ein Mensch kann nichts lieben, was ihn nicht spiegelt. Es kann nicht anders sein, da alles miteinander verbunden und Teil der großen Einheit ist. Da es nur das All-Eine gibt, kann ein Bewusstsein immer nur sich selbst im anderen und durch das andere lieben: Es gibt nichts anderes zu lieben, es gibt niemand anderen zu lieben. Wenn es nur Eines gibt, kann kein Zweites geliebt sein.

Liebe ist die Überwindung der Trennungsillusion, denn wo Du Dich selbst im anderen wiederfindest, nimmst Du Dich als Teil der Einheit wahr. Nur darauf beruht die Unwiderstehlichkeit der Liebe. Ihr erkennt diese Zusammenhänge oftmals nicht, weil Selbstliebe in Eurer Welt so drastisch missverstanden wird. Wenn ein Mensch auf einen anderen Menschen trifft, der ihn in gewisser Weise und einem bestimmten Maß spiegelt, dann kann – und will – keine Macht im Universum verhindern, dass beide sich ineinander verlieben. Wo Gottes Macht und Wille am Werke sind, ist die Kraft der Anziehung in jedem Fall unwiderstehlich. Wenn es um Selbsterkenntnis geht, ist das Ego *immer* machtlos, denn hier geht es um Gottes Plan. Und hier liegt der Grund für all die Probleme, die der Mensch mit der Liebe hat:

Liebe ist da, wo Spiegelung ist, Du verliebst Dich in das Abbild Deiner selbst.

Mein lieber Freund, meine liebe Freundin, die Wesenszüge des Partners, seine ›psychologischen Stempel‹, sind immer auch in irgendeiner Form im Selbst enthalten, denn es gibt kein willkürliches Schicksal, das ihn Dir zum Partner erkoren hat. In den Aspekten Deiner Psyche, in denen Du in Balance, also im Gleichgewicht, bist, ist es auch der Partner. Die ausbalancierten Themen sind nie diejenigen, welche die Probleme machen, denn hier herrscht Harmonie, die immer nur aus einem energetischen Gleichgewicht der Kräfte resultieren kann.

Mit *jedem* Partner, den Gott Dir zur Seite stellt, gibt Er Dir ein Geschenk, denn Gott ist Gnade und gibt sich selbst in all seinen Ausdrucksformen *immer* nur Geschenke. Jeder Mensch, der Deinen Lebensweg kreuzt, und in ganz spezifischer Weise Dein Liebespartner, bietet Dir eine Gelegenheit zur Selbsterkenntnis und damit die Chance zur Wahrnehmungskorrektur. Der Zweck der Spiegelung besteht in der Wiederherstellung der Balance und damit des Friedens in und mit Dir selbst. So ist jeder partnerschaftliche Konflikt ein Fingerzeig auf eine Disharmonie im eigenen psychischen Kräfteverhältnis. Wenn Dein Partner Dich mit Charakterzügen und Eigenheiten konfrontiert, die Deinen Frieden stören und Dich traurig oder gar unglücklich machen, dann schärfe Deinen Blick und sieh erneut hin – auf Dich selbst! Das Ungleichgewicht, das Du im Partner siehst, ist Dein eigenes, das Du nicht siehst. Sein Thema kann nur Dein eigenes sein, Dein Thema mit Dir selbst. So können der Ausgleich und die Wiederherstellung der gestörten Harmonie nur in Dir und durch Dich selbst stattfinden.

Immer dann, wenn ein anderer scheinbar Deinen Frieden stört, solltest Du Deinen Fokus von ihm abziehen und dorthin schauen, wo die Ursache liegt. Wie wir bereits gesehen haben, kann ein Problem immer nur dort gelöst werden, wo es sich befindet.

Die Göttlichkeit, die jegliche Existenz bedingt, ist im anderen immer gegenwärtig, aber erst die Liebe macht sie *sichtbar*. Im anderen liebt der Mensch immer auch sich selbst, weil, wie wir gesehen haben, alles eins und jede Trennung eine Fiktion des Ego ist. Was immer Du bist, was immer Du tust, Du *kannst* es letztlich immer nur um Deiner selbst willen sein oder tun, weil es nichts anderes gibt. Dies schmälert den Wert und die Heiligkeit der Liebe nicht.

Es ist *Un-Sinn*, Liebe als einen Akt der Selbstlosigkeit zu betrachten, denn es gibt nicht mehr und nichts Größeres, das Du jemals für Dich selbst tun könntest, als zu lieben. Kein Bewusstsein, kein Wesen im Universum kann sich selbst jemals größere Gnade erweisen, als zu lieben. Von dieser Ebene aus betrachtet, ist das Konzept der *Selbstlosigkeit* eine Illusion, denn Du kannst Dich selbst niemals verlassen.

Was immer Du tust, das ist für Dich getan.

Liebe ist also nie uneigennützig. Sie könnte es gar nicht sein. Liebe nützt jedem und segnet, wen immer sie berührt. Wenn zwei Menschen sich lieben, dann wenden sie sich gegenseitig ihr Innerstes nach außen. Der geliebte Partner stellt Dich Dir selbst zur Schau: Liebe veranschaulicht und macht sichtbar, was verborgen war. So kommt es, wie es kommen muss: Es kommt zu einer Beziehung. Und jetzt, da die Verbindung zwischen beiden Menschen enger und intimer wird, beginnen die Probleme.

Die anfängliche Bedingungslosigkeit der Liebe muss wohl oder übel der *eigenen* inneren Realität weichen, der Mensch holt *sich selbst* ein. So sieht er den geliebten Menschen langsam mit anderen Augen. Der Partner mag sich gar nicht verändert haben, er erscheint dennoch in einem anderen Licht.

So bedingungslos wie in der Anfangszeit der Beziehung lieben die wenigsten Menschen ihre Partner, weil nur die wenigsten sich selbst so lieben können. In aller Regel stellen Menschen Erwartungen, Forderungen und Wünsche zwischen sich und den Partner. Der Bedürfnisse an den Partner sind meist viele, da der Mensch sich selbst vieles schuldig bleibt. Dieses Defizit zu füllen, ist dann die meist unausgesprochene Forderung an den Partner und die Beziehung.

Der Partner kann jedoch immer nur spiegeln, was ist. Und so reflektiert er die eigenen Defizite und den Mangel, der nun noch schmerzlicher empfunden wird. In der Tiefe der Liebe und der Besonderheit der Beziehung liegt auch ihr grenzenloses Potenzial für Selbsterkenntnis und ihre besondere Dramatik. Es geht im Leben immer und ausnahmslos um Liebe, aber nur in Euren persönlichen Beziehungen ist dies für Euch immer offensichtlich. Weil Ihr in einer dualen Erfahrungsebene lebt und in keinem anderen Lebensbereich so viel Entwicklungspotenzial steckt, gibt es auch nirgendwo sonst so viel emotionalen Sprengstoff. Die Dualität bewirkt, dass Ihr auch in diesem Erfahrungsbereich die Kür nicht ohne die Pflicht haben könnt.

Mein lieber Freund, meine liebe Freundin, wir werden niemals müde, die heilende, erlösende, alles transzendierende Bedeutung der Selbstliebe zu betonen. Je vollkommener Du Dich selbst liebst, umso vollkommener liebst Du andere und wirst Du geliebt. Je weniger Bedingungen Du

Dir selbst stellst, um Dich lieben zu können und zu *wollen*, desto vorbehaltloser liebst Du auch andere. Anders gesagt: Je größer die Selbstliebe, desto liebevoller, harmonischer und dauerhafter ist auch Deine Beziehung zu Deinem Liebespartner.

Weil Gottes Liebe *vollkommen* bedingungslos ist, ist sie allumfassend. In Ihm ist jeder vollkommen geliebt. Wo keine Bedingung gestellt wird, kann niemand ausgeschlossen sein. Wo keine Bedingung ist, kann auch niemand sein, der sie nicht erfüllt. Mit anderen Worten: Je umfassender Deine Selbstliebe ist, desto größer ist die Annäherung Deines Blickes auf Dich selbst und auf Deine Mitmenschen an den Blick Gottes. Das Ende einer Liebesbeziehung ist immer das Ende einer Illusion über sich selbst – und Illusionen sterben immer unter Schmerzen.

Nichts, aber auch gar nichts anderes als Liebe zählt vor Gott in Dir, welcher derselbe in Deinem Partner ist. Diejenigen, die sich darüber wundern, dass sie mit ihren jeweiligen Liebespartnern immer die gleiche Art von Erfahrung zu machen scheinen, sind diejenigen, die ständig in einen anderen Spiegel sehen und sich wundern, dass ihr Spiegelbild immer dasselbe ist. Gottes Güte und Geduld sind grenzenlos. Solange Du Deinen Blick auf Dich selbst nicht änderst, kannst Du auch nichts anderes im Spiegel erblicken. Das Problem liegt *nie* beim Spiegel und doch verhalten Menschen sich oft so, als ob dem so wäre. Sie beschuldigen den Spiegel, wenn ihnen nicht gefällt, was sie sehen, oder tauschen ihn aus.

Niemand kann sich selbst entfliehen und kein Problem ist je lösbar ohne die Übernahme der Verantwortung für die Situation. Das ist Sinn und Zweck des Problems und nur hier kann die Lösung gefunden werden. Das Übernehmen der Verantwortung ist Voraussetzung für jede aktive Veränderung, da sie der Macht den ihr gebührenden Platz zurückgibt.

Hier will nicht etwa gesagt sein, dass Ihr auf Gedeih und Verderb in quälenden Beziehungen bleiben sollt, sondern lediglich, dass eine Disharmonie in Euch selbst, die Ihr in einer gewissen Beziehung als Konflikt erfahrt, Euch auch in einer anderen Beziehung einholen wird. Sie *muss* es, denn Euer freier Wille ist unantastbar. Mit vollkommener Stimmigkeit erschafft Ihr Euren eigenen Widerhall, denn Gott kann sich selbst nicht verleugnen. Gott im Menschen gibt ihm genauso viele Chancen, wie er braucht – oder besser gesagt, wie er *will*. Beides ist dasselbe, auch wenn es Euch im Angesicht Eures Leidensdrucks nicht so scheinen mag.

Das heißt jedoch nicht, dass die Auflösung einer unglücklichen Beziehung kein Fortschritt wäre. Leid hat keinen Sinn außer den, es zu überwinden und hinter sich zu lassen. Dem Leid ein Ende zu bereiten, ist *nie* falsch und kann es nicht sein, denn Du *bist* Liebe und Liebe ist absolutes, friedvolles Glück. Wie in jedem anderen Lebensbereich gilt auch hier, dass die Hürde in dem Augenblick verschwindet, in dem der Mensch hoch genug springen kann, sie zu überwinden. Wenn Du Dich schon selbst verletzen willst, dann ist es klüger und unter Umständen schon ein Fortschritt, Du benutzt keine Waffe. Wenn Du Dich mit dem ›Zutun‹ eines anderen verletzen willst, solltest Du immer wissen, dass nur Du selbst es sein kannst, der sich verletzt. Wenn auch *scheinbar* ein anderer die Waffe führt, so bist doch immer Du es, der sie ihm gegeben hat mit dem Auftrag, Dich anzugreifen.

Jede Beziehung hat ihre ureigene Färbung, ihre ganz intimen Spielregeln, und bringt den Menschen immer sich selbst näher. Trotz wiederholt wiederkehrender Themen gibt es *immer* Fortschritt und Entwicklung, denn Leben erfahren impliziert unfehlbar Selbsterweiterung, in welche Richtung auch immer. Als lebendiger Teil von Alles-was-Ist, der überall ist, ist dies völlig belanglos, denn Du kannst *nie* außerhalb Gottes sein. Dein Bewusstsein ist immer Teil des seinen.

Leben, *jedes* Leben, ist *immer* ein Weitergehen. Insofern mag eine Partnerschaft aus menschlicher Sicht scheitern, aus göttlicher Sicht ist Scheitern unmöglich. Jede Erfahrung dient Dir, sonst könntest Du sie nicht machen. Gottes Sein – und somit das Deine – ist nie sinnlos. Gott ist immer und überall am Werk, Dich die größte aller Weisheiten zu lehren: Du *hast* einen lieblosen Partner? Liebe Dich selbst! Du *bist* ein liebloser Partner? Liebe Dich selbst! Es gibt keine größere Gnade, als geliebt zu werden, außer aber, man liebt.

»Die Engel, die nennen es Himmelsfreud',
die Teufel, die nennen es Höllenleid,
die Menschen, die nennen es Liebe.«
Heinrich Heine

21. Ein-Sicht

Die Lust mit dem Frust

Wenn das Menschlichste das Göttliche berührt

Mein lieber Freund, meine liebe Freundin, der Mensch ist nie so sehr Mensch wie im Angesicht seiner Sexualität. Der Mensch ist nie so sehr Gott, wie im Angesicht seiner Sexualität. Aufgrund Eurer inneren Verwirrung und Unsicherheit angesichts Eurer sexuellen Gefühle und vor allem aufgrund Eurer diesbezüglichen Ambivalenz seid Ihr im Zuge der gesellschaftlichen Bemühungen, die menschliche Sexualität von ihrem Untergrunddasein zu befreien und ins Licht der sozialen Anerkennung zu heben, so manchem Irrtum über Euch selbst aufgesessen. Nirgendwo zeigt sich deutlicher als in Eurem Umgang mit Sexualität, dass soziale Anerkennung nicht unbedingt das Beste ist, was einem Konzept passieren kann.

Eurer sexuellen Energie wohnt eine eigene, gottgegebene Würde und Erhabenheit inne. Aufgrund der allgemeinen Banalisierung der Sexualität gibt sich die Allgemeinheit alle Mühe, die sexuelle Erfahrung auf die Ebene körperlicher Bedürftigkeit zu reduzieren und einzugrenzen. Wenn der Ebene biologischer Triebhaftigkeit auch Anerkennung gebührt, so ist die Reduzierung des sexuellen Erlebens auf diesen Aspekt doch sehr unvollständig und wird ihrer Komplexität in keiner Weise gerecht.

Je nach Zeit, Kulturepoche und religiöser Prägung war der Ausdruck von Sexualität mehr oder weniger verpönt, verachtet oder gar verboten. Immer war der Umgang mit seinen tiefstmöglichen und intensivsten Empfindungen für den Menschen schwierig. Kein anderer Aspekt menschlichen Lebens ist seit jeher so tiefgreifend von Ambivalenz geprägt. Daran hat sich in Zeiten allgegenwärtiger Öffentlichkeit nur scheinbar etwas geändert. Was überall ist, das ist nirgendwo. Ihr entflieht Eurer Sexualität, indem Ihr sie allgegenwärtig macht. Die ständige Präsenz und Stimulierung stumpfen Eure Sinne und Emotionen ab, weil sie Euch überlasten. Eure Empfindungen werden verwässert und aufgeweicht.

Nun, warum tut der Mensch ausgerechnet in diesem Bereich so viel dazu, sich selbst zu entfliehen? Dem ist so, weil es in der Tat mit Eurer Sexualität etwas Besonderes auf sich hat, etwas, das das Ego mehr fürchtet als alles andere:

Sexueller Ausdruck ist gefühlte Rückerinnerung an die Einheit mit Gott. Nur das macht ihn zu einem unwiderstehlichen Bedürfnis.

Ihr fürchtet nicht umsonst dasjenige in Euch am meisten, was Euer tiefstes Bedürfnis ist. Es ist des Menschen Herz in seiner größten Tiefe, das nach sexuellem Ausdruck verlangt. Die Ächtung der menschlichen Sexualität ist der größte Sieg des Ego in Eurer Welt und sein mächtigstes Bollwerk gegen die Erkenntnis Gottes und den Frieden im Menschen.

Nirgendwo sonst sind die Täuschung und die Verführung des Ego zur Trennungsillusion so massiv. Sie muss es sein, denn nie ist das Ego so nachhaltig bedroht und der Gefahr der Enttarnung ausgesetzt. Das Ego *muss* die körperliche Vereinigung von zwei sich liebenden Menschen verurteilen und dadurch bekämpfen, weil es nie so sehr in Gefahr schwebt.

Die sexuelle Energie des Menschen ist aus seinem Bedürfnis, die Trennung von seiner Urquelle zu überwinden, geboren. Die sexuelle Lust entspringt unmittelbar dem menschlichen Bedürfnis und dem unwiderstehlichen

Drang, diese schmerzliche Trennung zu heilen. Die Sexualität ist Gottes heiliges Geschenk an den Menschen, aus der Einheit heraus, unmittelbar in die Trennungsillusion hinein. Sie ist das hellste Licht in der Dunkelheit. Sex ist deshalb so lustvoll, weil er auf tiefster Ebene an den Urzustand in Gott erinnert, der ewig Eurer göttlichen Natur entspricht. Aus diesem Grunde dringt Sex bis in die tiefsten Schichten Eurer Biologie wie auch Eurer Psyche. Es ist der Ruf Gottes, der ihn so unwiderstehlich macht.

Diese Wahrheit sichert der menschlichen Sexualität einen besonderen Stellenwert in der Welt. Alle Bemühungen, Sex zu einem Thema ›wie jedes andere‹ zu machen, werden niemals fruchten. Es ist kein ›evolutionsbiologischer Zufall‹, dass Ihr durch den sexuellen Akt neues Leben auf die Erde bringt.

Die Zeugung ›neuen‹ Lebens beweist die Heiligkeit der menschlichen Sexualität, doch die ihr zugrunde liegende Vereinigung begründet sie.

Im Zuge Eurer sogenannten sexuellen Befreiung habt Ihr kollektiv beschlossen, Euch neuen Erfahrungen mit Eurer sexuellen Energie zuzuwenden und Euch von sexuellen Zwängen und Tabus zu befreien. Doch anstatt Euch selbst zu befreien, habt Ihr viel mehr den Sex von der Liebe ›befreit‹. So sehr es Euch auch dienlich ist, den sexuellen Ausdruck von Konventionen, Einschränkungen und Begrenzungen zu lösen, so solltet Ihr Euch doch auch im Klaren darüber sein, was Ihr tut, wenn Ihr Eure Sexualität von Liebe trennt. Es geht hier nicht um Moral, um gut oder schlecht. Sex ohne Liebe ist nicht schlecht. Sex ohne Liebe ist auch nicht gut.

*Sex ohne Liebe ist einfach nur **Sinn-los**.*

Es geht nicht darum, ihm seine Berechtigung abzusprechen, denn die Angemessenheit jeder Erfahrung liegt in der Tatsache, dass sie gemacht wird. Es geht um Sinnhaftigkeit, um das Erforschen und das Verständnis dessen, was die Dinge sind. Sex manifestiert das, was ihn auslöst: Er ist in Vereinigung übersetzte Liebe oder aber, er ist einfach das, was Eure Medien so gerne aus ihm machen. Dies geschieht aus rein materiellen Interessen: Sex kann man verkaufen, Liebe nicht.

Die Erfüllung und Bereicherung durch einen Liebesakt, der seinen Namen zu Recht trägt, geht weit über die Ekstase des Augenblicks hinaus und bringt den Menschen emotional, psychisch und physisch ins Gleichgewicht.

So sehr Sex in Liebe der Vereinigung dient, so sehr dient Sex ohne Liebe der Trennung. Aus diesem Grunde äußert er sich so oft in Entwürdigung und Demütigung. Niemals könnt Ihr Euch selbst entfliehen: Wer einen anderen Menschen auf biologische Prozesse reduziert, kann dies nicht tun, ohne sich gleichermaßen selbst zu reduzieren. Hierin liegt das Gewicht des Trennungsaspektes. Die Trennung vom anderen ist die logische Konsequenz der Entfremdung vom Selbst. Was Euch von der Liebe entfernt, das entfernt Euch unfehlbar von Euch selbst. Jedes Gefühl, das nicht Liebe ist, ist selbstzerstörerisch und kann es somit auch nur für den anderen sein.

Die Dinge sind oftmals verdreht: Mehr als bei sexuellen Belangen steigt vielen Menschen beim Thema *Liebe* die Schamesröte ins Gesicht: Die Welt braucht keine sexuelle Revolution, die brauchte sie im Grunde und in Wahrheit nie – die Welt braucht eine Liebesrevolution.

Wenn Liebe in der Welt ›salonfähig‹ wird, dann wird der Sex es ganz selbstverständlich auch. Sexuelle Befreiung kann nur dann befreiend sein, wenn sie zur Befreiung der Liebe führt und als solche verstanden wird. Was nicht die Liebe in Euch befreit, kann Euch letztlich nur knechten. Wer sich selbst liebt, kann alle Facetten seines Wesens uneingeschränkt akzeptieren und genießen. Zwei Menschen, die sich in Liebe körperlich verbinden, können Gott sehr nahe kommen und Ihn in sich selbst und im anderen erahnen.

»Die Zeugung neuen Lebens beweist die
Heiligkeit der menschlichen Sexualität,
doch die ihr zugrunde liegende
Vereinigung begründet sie.«
Regulus

22. Ein-Sicht

Schicksal und Liebe

Der irdische Feuerlauf und die Frage, wer die Kohlen anzündet

Mein lieber Freund, meine liebe Freundin, wenn ein Mensch in diese Welt hineininkarniert, dann kommt er sozusagen mit einem vollen Terminkalender, mit einem umfangreichen Programmheft an Erfahrungen, die zu durchleben er gewillt ist.

Wie wir gesehen haben, ist die Seele bestrebt und beglückt, dieses Programm als Erfahrung und damit als Erweiterung der Selbstwahrnehmung zu absolvieren und nicht etwa wie eine Schulung, die man bestehen kann oder auch nicht. Tatsächlich ist es Dir gar nicht möglich, dieses Programm nicht zu erfüllen. Es ist deshalb unmöglich, weil es Dein Wille ist. Das, was Du Dir erschaffst, ist das, was Du willst. Das, was Du willst, erschaffst Du Dir, Du kannst gar nicht anders. Auf dieser Ebene bist Du immer Gott in Aktion, der sich selbst erfährt.

Der Mensch kommt also mit einem ›Programm‹ in die Materie. Es ist wie ein Drehbuch, dessen Autor Du selbst bist, denn jede Inkarnation ist ein vollkommenes Schauspiel, das Du mit und für Dich selbst aufführst. Aus Sicht des Göttlichen ist jeder Mensch ein Star, denn Ihr alle seid gleichermaßen perfekter Regisseur und begnadeter Hauptdarsteller Eures eigenen Lebensfilms *(Anm. der Verfasserin: Scherzhaft gesagt).* Nun, genau genommen ist es weniger ein Programm als eine *Idee*: Du hast eine Idee von Dir selbst, die Du unter und in physischen Bedingungen umsetzen und manifestieren willst: Du willst Dich selbst *für* Dich selbst unter ganz bestimmten Bedingungen erfahren.

Dann bist Du also ›hier‹ und hast diese Idee von Dir selbst bewusst vergessen. Mehr noch, Du hast die Wahrheit über Dich selbst ebenso ›vergessen‹ und Du musst es, denn sonst wäre es Dir unmöglich, Deine Idee von Dir für Dich selbst glaubhaft zu manifestieren. Bist Du erst einmal in menschlichem Ausdruck, läuft Dein Leben scheinbar von allein. Von Deinem ersten Atemzug an nehmen die Dinge ihren Lauf. Der Mensch erlebt vieles, das er ›will‹, und mindestens ebenso viel, das er nicht ›will‹. So stellen sich Euch die Dinge zumindest dar und so fühlen sie sich an.

Es ist ein wahrhaft göttliches Spiel, das Gott mit sich selbst spielt. Es ist ein selbstverständlicher Aspekt Deiner göttlichen Macht, dass Du dies so mühelos kannst, ohne es bewusst wahrzunehmen. Du lebst Deinen göttlichen Willen so selbstverständlich und mühelos, wie Du atmest. Mit jedem Situationselement ist eine ganz spezifische Absicht verbunden, die den Boden für die Erfahrungen bildet, welche gewählt wurden.

Gott in Dir, Dein Höheres Selbst, kennt weder Zufall noch Irrtum. Niemand wird jemals in das ›falsche‹ Leben hineingeboren. Mit der Sicherheit göttlicher Vollkommenheit ist immer das bereitgestellt, was Du brauchst, um Dich so zu erfahren, wie es Dir und Deinen höchsten Interessen dient. Niemals gibt Gott sich selbst weniger als das Allerbeste.

Dein Leben ist also wie ein Film nach einem von Dir selbst geschriebenen Drehbuch. Der gewissen jeweiligen Grundgeschichte Deiner Vorlage willst Du in Deinem Spiel unbedingt treu bleiben, sie ist die ›Botschaft des Films‹ an Dich selbst. Solange diese Botschaft sichergestellt ist, erlaubst Du Dir alle erdenkliche ›künstlerische Freiheit‹. Im Rahmen dieser Vorgabe kannst Du Dein Lebensdrehbuch jederzeit nach Lust und Laune umschreiben, denn innerhalb dieses Rahmens kannst Du Dich völlig frei bewegen. Deine Potenziale sind im Vorfeld festgelegt, nicht aber, was Du daraus machst.

Es gibt kein Versagen, weil es kein Pflichtziel zu erreichen gibt. Gott muss sich selbst nichts beweisen, weil Er um sich weiß.

Dein ganzes Leben hindurch fragst Du andere, Dir zu sagen, wer Du bist. Dies ist im Grunde und in Wahrheit Sinn und Zweck jeder Kommunikation. Du fragst andere, Dir zu sagen, was Dir möglich ist und was nicht. Dies tust Du mit jedem Schulzeugnis, jedem Vertragsabschluss und jedem Arztbesuch. Jede Deiner Handlungen und Erfahrungen ist ein Akt der Selbstdefinierung. Dir stehen jedoch jederzeit *alle* Möglichkeiten offen, genauer gesagt alle, die Du für *möglich* hältst. Die Dinge sind so wahrscheinlich, wie Du sie einstufst und machst. Das ist Deine göttliche Schöpferkraft.

Es ist Euch Menschen ein regelrechter Spaß, mit Wahrscheinlichkeiten zu spielen und zu experimentieren, und Ihr tut es ständig. Ihr seid im Geiste weitaus kreativer und flexibler, als Euch bewusst ist. Alle Möglichkeiten, alle Wahrscheinlichkeiten sind Euch von Gott gegeben, denn Er begrenzt sich nicht. Potenziell könnt Ihr sie alle nutzen. Sie alle dienen dem göttlichen Zweck der Selbsterkenntnis, denn es gibt keinen anderen. Selbsterkenntnis ist jedoch nur in Liebe möglich, denn sie ist die Identität Gottes und es gibt nichts anderes zu erkennen. Die Liebe, die zu empfangen Euch unmittelbar ermöglicht ist, ist Eure eigene. Indem Ihr Euch selbst liebt, gebt Ihr Gott das Seine.

Sich selbst lieben, ist sich selbst erkennen. Wer sich selbst liebt, spiegelt sich in sich selbst.

Die Art der Erfahrungen, die Ihr zu durchleben wählt, hängt unmittelbar von Eurer Einstellung Euch selbst gegenüber ab. Jede Lebenserfahrung wird einen Menschen, der sich selbst liebt, immer mehr mit seinem Höheren Selbst verbinden und ihn somit der ewigen Heimat näher bringen.

Selbstliebe ist der göttliche Beschleuniger auf dem Weg zurück nach Hause. Je tiefer Ihr in die Liebeserfahrung eintaucht, desto mehr verliert das Leidpotenzial an Boden in Eurem Leben und in Eurer Welt: Lebensprogramm ist Liebesprogramm.

»Oft trifft man sein Schicksal auf Wegen,
die man eingeschlagen hatte,
um ihm zu entgehen.«
Jean de La Fontaine

23. Ein-Sicht

Irdische Herrschaft und himmlische Autorität

Wer zum Hirten gehen kann,
der gehe nicht zum Hunde

Mein lieber Freund, meine liebe Freundin, Euer ganzes Leben hindurch seid Ihr mit den verschiedensten Erscheinungsformen von Autorität konfrontiert. Das Konzept der Autorität als solches ist zutiefst menschlich.

Eine wie auch immer aufgebaute Hierarchie unter Gleichen ist nur innerhalb der Illusion von Trennung und damit von Unterschied möglich. Innerhalb der Wahrnehmung göttlicher All-Einheit ist das Konzept eines Gefälles vollkommen absurd und unsinnig. Im Verlauf Eurer Kindheit seid Ihr dem Willen Eurer Eltern unterworfen, später dann sind es Eure Lehrer, Arbeitgeber und Regierungen. Vor allem aber unterwerft Ihr Euch Euren Dämonen, Euren Ängsten.

Im Spiel mit der Angst liegt alle Autorität des Ego.
Angstunterwerfung ist Egounterwerfung.

All diese Ängste bilden den sicheren Boden Eurer freiwilligen Unterwerfung unter innere und äußere Konzepte und Prinzipien aller Art. Und ihnen allen ist eines gemein: Sie mehren die Angst, anstatt sie aufzulösen. Angst kann immer nur sich selbst hervorbringen, ebenso wie Liebe nur sich selbst mehren kann. Es braucht Mut, Autoritäten aller Art infrage zu stellen. Dies zu tun, erzeugt immer Angst. Es macht Euch Angst, Autorität in Zweifel zu ziehen, weil Ihr sie ›braucht‹. Jeder Mensch hat ›gute Gründe‹, ein Konzept zur Autorität zu erheben und es dadurch mit Macht auszustatten. Immer und ausnahmslos gründet diese Macht auf Angst.

Dem Ego ist *jede* Autorität recht, die auf Angst beruht, denn es ist seine. So fürchtet es nur eine Macht, die einzige, die seiner tyrannischen Herrschaft gefährlich werden kann:

Das Ego fürchtet die Autorität des Höheren Selbst. Nur hier ist seiner Macht ein Ende gesetzt.

Gegen jede andere Autorität zieht es immer nur *scheinbar* in den Kampf. Was aussehen mag wie das Schlachtfeld des Ego, ist seine Spielwiese. Freiheit kann nur Freiheit von Angst sein, denn wo keine Angst, keine Egotyrannei ist, da ist nichts unmöglich. Wo keine Angst ist, sind nur noch Freiheit, Macht und Selbstverantwortlichkeit.

Nur die Befreiung von der Angstherrschaft des Ego klärt den Blick unmittelbar für die Wahrnehmung der einzig wahren und wirklichen Autorität im Menschen. Der göttlichen Allmacht in Dir sind keine Grenzen gesetzt. Das Ego tut alles, um diese Wahrheit vor Dir zu verschleiern, um Dich unter seiner Herrschaft zu halten. In dem Maße, in dem die göttliche Autorität im Menschen anerkannt wird, löst sich der Einfluss des Ego auf. Die Anziehung der Angst mag gewaltig sein, die Anziehung der Liebe Gottes ist unwiderstehlich. Und so steht es dem Menschen frei, welchem Herrn er wahrhaft dienen will, dem Egophantom oder seiner göttlichen Identität.

Ihr fürchtet die Freiheit, weil sie Euch zu Euch selbst führt und Euch die ganze Größe und Macht Eurer wirklichen Identität enthüllt. Das Ego erschaudert vor der Herrlichkeit des Göttlichen, denn hier wird sein illusionärer Charakter enthüllt. Der Preis der Freiheit ist Selbstverantwortlichkeit und nichts fürchtet das Ego mehr, denn Verantwortlichkeit würde es als schlechten und im Grunde machtlosen Herrn enttarnen.

Selbstverantwortlichkeit ist Macht über sich selbst und Macht über sich selbst ist Macht über die Welt. Das Ego fürchtet die Verantwortung, doch Macht und Verantwortung sind ein und dasselbe und so will das Ego das gänzlich Unmögliche: Es will Gott sein, ohne Gott zu sein. Diese absurde Spaltung muss Angst vor dem Selbst hervorrufen: Ihr fürchtet Euch vor Euch selbst.

In dem Maße, in dem der Mensch in seinem Innen dem Ego die Autorität entzieht, wird er auch in seiner Außenwelt ganz selbstverständlich und mühelos die Herrschaft über sein Leben übernehmen. Das einzige Mittel der Unterdrückung, das es jemals geben kann, ist Angst. Wo kein Ego ist, kann keine Angst sein. Wer könnte den beherrschen, der frei ist von Angst?

Keine Macht im Universum kann groß genug sein, denjenigen zu knechten, der frei ist von Angst. Wo keine Angst ist, kann nur Liebe sein. Liebe ist Gottesbewusstsein, die höchste und größte Macht im Universum, wer also könnte sie unterwerfen? Der Mensch, der sich der Fremdbeherrschung hingibt, hat nur einen Vorteil, der, im Lichte der Wahrheit betrachtet, keiner ist: Er kann sich als Opfer fühlen. Die Opferhaltung, die nicht grundlos die Lieblingsrolle des Ego ist, birgt immer eine tückische Falle: Dem Opfer ist die Selbsterkenntnis verwehrt, denn Opferhaltung ist Verleugnung von Macht. So folgt sie der Angst immer und unfehlbar auf dem Fuße. In der Opferrolle ist das Ego im Zenit seiner Macht, denn nie ist der Mensch weiter von seiner Wirklichkeit entfernt.

Wir haben an früherer Stelle bereits gesehen, warum der Mensch so ungern von seiner Opferrolle lässt, obwohl sie ihm offensichtlich nur Nachteile bringt. Der Mensch fürchtet sich vor sich selbst und der Anerkennung seiner eigenen Macht, weil er Verantwortlichkeit mit Schuldfähigkeit gleichsetzt. Wir haben auch gesehen, dass das Konzept von Schuld ein Egokonstrukt ist, das in Gott keinen Sinn hat.

Angst, Opfer und Schuld sind die Säulen, auf denen das Ego seine despotische Machtherrschaft errichtet.

Gerne folgt der Mensch dem, dem er vertraut. Niemand, der sich selbst nicht vertraut, kann seinem Schöpfer vertrauen, muss Ihm doch der Mangel entstammen. Wenn Menschen sich selbst nicht vertrauen, können sie folglich niemandem vertrauen, denn nichts kann außen sein, das nicht innen wäre. Weil Ihr nicht wisst, wer Ihr seid, könnt Ihr nicht wissen, wo Ihr Sicherheit finden könnt, denn schlussendlich ist die Frage nach Autorität immer die Frage nach Sicherheit.

Das Bedürfnis nach Autorität entstammt immer und ausnahmslos einer Sehnsucht nach Führung und damit nach Sicherheit und Schutz. Solange ein bewusstes Wesen diese sichere Führung nicht zweifelsfrei in seiner eigenen Identität erkennen kann, wird es diesen Zwiespalt in seiner Außenwelt aufzulösen suchen und all seine Bemühungen müssen unweigerlich scheitern. Sicherheit kann niemals im Außen gefunden werden, weil die Frage sich nicht dort stellt, mag es noch so sehr danach aussehen.

Sowie der Mensch erkennt, dass sein Zwiespalt *in* ihm tobt, kann er sich der Lösung annähern. Und so ist es, wie immer, erneut eine Frage der Selbstwahrnehmung, worin der Mensch vertrauen will. Dasjenige, als was Du Dich erkennst, ist das, worin Du vertraust, denn niemand stellt seine eigene Existenz infrage. Da das Ego sich als ein von allem getrenntes Einzelwesen wahrnimmt, kann kein Gott, keine Institution und kein Mensch einen Menschen in Sicherheit wiegen, der sich selbst nicht als Teil der Einheit Gottes erkennt.

Sicherheit ist aus Gott – oder gar nicht.

Alles von außen Kommende, das Euch Erlösung, Sicherheit und Schutz verspricht, muss Euch unweigerlich früher oder später *ent-täuschen*. Wenn Ihr dann, entmutigt und frustriert, endlich den Blick nach innen wendet, um in Euch selbst nach der ersehnten Autorität zu suchen, die Euch führen und leiten kann, dann habt Ihr einen unsäglich wertvollen Erkenntnisschritt für Euch und die ganze Welt getan.

Jede Frustration, jede Enttäuschung ist ein Fingerzeig und der Ruf Gottes in Dir, die einzig wahre Autorität, die es jemals geben kann, in Deinem Leben anzuerkennen. Jedes Mal, wenn Ihr Euch enttäuscht von den irdischen Heilsversprechungen abwendet und Eure Verlassenheit beweint, seid Ihr der Lösung näher denn je. Die einzige Autorität in des Menschen Leben, die ihn sicheren Schrittes durch alle Lebenslagen leitet, ist unbegrenzt in ihrer Weisheit und Liebe. Wer es wagt, sich auf seine göttliche Führung, auf sein Höheres Selbst einzulassen, der wird schnell erkennen, dass es ein Wagnis war, es nicht zu tun.

Meine liebe Freundin, mein lieber Freund, Du fühlst Dich nur dann machtvoll, wenn Dein Leben nach Wunsch verläuft. Von diesem Gesichtspunkt aus betrachtet, bist Du in ›guten‹ Zeiten Gott näher als in ›schlechten‹. Doch oftmals trügt der Schein.

Das Göttliche im Menschen übernimmt nicht erst dann die Führung, wenn es anerkannt wird. Es war schon immer da. Für Dich geht es jedoch um die *bewusste* Wahrnehmung und Anerkennung dessen, der schon immer der Herr im Hause war.

Es ist Deine bewusste *Entscheidung* für die göttliche Führung, die es ermöglicht, die Fallgruben des Ego, denen alles Leid entstammt, zu entgehen. Dir geschieht immer und ausnahmslos nach Deinem Willen. Wenn Du aus der Angstillusion des Ego heraus leben und entscheiden willst, so steht Dir dies vollkommen frei. Die Geschenke, die sich Dir durch die Anerkennung der göttlichen Führung anbieten, übertreffen alles, was Dir das Ego jemals bieten könnte. Was hat die Illusion der Wahrheit zu bieten? Es steht und stand Dir immer frei, welchem Herrn zu dienen Du Dich entscheidest, doch triff Deine Entscheidung weise. Kann es weise sein, Angst, Verurteilung und Schuld zu wollen, wenn man Liebe haben kann? Wo nicht Liebe ist, da sind die Tage gezählt.

»Wer es wagt, sich auf Gott einzulassen,
der wird schnell erkennen,
dass es ein Wagnis war,
es nicht zu tun.«
Regulus

24. Ein-Sicht

Was heilt, hat Recht

Die Stärke in der Zerbrechlichkeit menschlicher Biologie

Meine liebe Freundin, mein lieber Freund, nie zeigt sich die Dramatik menschlichen Lebens in so hochexplosiver Weise wie im Angesicht körperlicher Versehrtheit. Krankheit ist die elementarste aller Leiderfahrungen, weil sie vom Selbst am Selbst *erlebt* wird. Sie kann mit niemandem geteilt werden und wenn auch viele Menschen an der gleichen Krankheit leiden, so muss doch jeder sie für sich selbst und allein erfahren. Keine andere Last zeigt so deutlich, dass sie vom Menschen selbst und allein getragen werden muss.

Krankheit ist die einsamste aller Leiderfahrungen, denn nichts empfindet der Mensch so sehr als ihm allein gehörend wie seinen Körper. In der Krankheit wird der Mensch mit dem Grundsätzlichsten seines irdischen Seins konfrontiert: mit seiner Endlichkeit. Diese fundamentalste aller Eigenschaften des Erdenlebens stellt jeden kranken Menschen früher oder später vor die Frage nach seiner Sinnhaftigkeit. Es gibt keinen Menschen, der sie sich nicht auf die eine oder andere Weise beantworten muss.

Krankheit ist ein in ganz spezifischer Weise energetisch geladener Seinsausdruck, besser gesagt, sie ist die biologische Spiegelung eines bestimmten Seinszustandes. Gesundheit und Krankheit sind, ganz allgemein gesagt, eine Frage der Balance zwischen Liebe und Angst. Wenn ein Mensch sich auf zutiefst unbewusster Ebene dazu ›entscheidet‹, krank zu werden, dann tut er es, weil er nicht anders kann. Sein So-Sein zwingt ihn dazu, denn der Mensch ist immer und unfehlbar er selbst und kann nicht ›aus seiner Haut‹. Wenn wir auf sehr hoher Ebene verstanden werden, kann man sagen, dass der Mensch in der Krankheit genauso ›gesund‹ ist wie in der Gesundheit. Er ist immer in vollkommener Entsprechung mit seinem Inneren. Da Gott sich selbst niemals verleugnen kann, ist die Perfektion der Resonanz zwischen dem Innen und dem Außen immer und ausnahmslos gesichert. Die Spiegelung des Geistes ist in einer erkrankten Physis ebenso unfehlbar stimmig wie in einer gesunden.

Deine göttliche Schöpferkraft wertet nicht, sie spiegelt. Sie kennt kein Urteil und keine Vorlieben, sie zeigt *ursachengetreu*, was da ist. Wenn dem nicht so wäre, wenn Ihr nicht erkranken könntet, so würde das bedeuten, dass Ihr keine willensfreie Schöpferkraft habt. Es würde bedeuten, Gott wäre nicht allmächtig und könne irren im Ausdruck seiner selbst. Es würde bedeuten, Gott würde sich selbst übersehen, da etwas im Innen wäre, das im Außen anders ist. Es würde bedeuten, Gott würde gewisse Aspekte und Eigenschaften seiner selbst ablehnen.

Es wäre wahrhaft unmöglich, denn dann müsste es etwas geben, das nicht Teil ist von Alles-was-Ist. Das würde bedeuten, dass Ihr nicht Teil von Ihm seid. Wenn das Absolute nicht absolut ist, dann ist es gar nicht.

Gott entspricht sich selbst in einem kranken Körper ebenso unfehlbar wie in einem gesunden.

Angesichts des enormen Leidensdrucks, der Krankheit über Euch bringt, mag es schwierig für Euch sein, dieses Konzept zu akzeptieren. Dies ist ebenso menschlich wie nachvollziehbar. Dennoch ist es im Grunde und in Wahrheit ein Segen, dass Ihr erkranken könnt, beweist es doch, dass die Willensfreiheit des göttlichen Selbstausdrucks absolut ist und keine Grenze kennt. Nichts weniger wäre eines Kindes Gottes – begabt mit den Eigenschaften seines Vaters – würdig.

Ihr seid wahrhaft unermesslich geehrt für die Bereitschaft, Euch dieser gewaltigen Leiderfahrung im Erdenausdruck zu stellen. Gott *ist*. Wenn ein Mensch eine Krankheit auslebt, so ist dieses Leiden nichts anderes als die exakte äußere Entsprechung, die biologische Manifestation, einer gewissen innerpsychischen Geisteshaltung. Je schwerwiegender und folgeträchtiger die Krankheit, desto komplexer die inneren Zusammenhänge, die zu dieser Erkrankung geführt haben.

Der zugrunde liegende Mechanismus, der zu Erkrankung führt, ist jedoch immer derselbe und in dieser Hinsicht gibt es keinen Unterschied zwischen geringfügiger und schwerer Erkrankung. In diesem Sinne gibt es nur eine Krankheit, so wie es nur eine Gesundheit gibt, denn der Mensch ist entweder gesund oder krank und die Art der Erkrankung spielt auf dieser Ebene der Erkenntnis nur eine sekundäre Rolle. Innere Prinzipien werden nach außen gebracht und ausgelebt. Spiegelung bietet die Gelegenheit, sich selbst zu zeigen, wer man ist. Sie ist immer ›verursachergetreu‹ und genau in dieser Unfehlbarkeit liegt ihre Göttlichkeit. Gott kann sich niemals über sich selbst irren.

Innerhalb Eurer Wahrnehmungsebene und entsprechend Eurem Bewusstseinsstand wäre Selbsterkenntnis ohne die Möglichkeit zur Erkrankung unmöglich. Das Durchleben der Krankheit stellt das Gleichgewicht zwischen der inneren und der äußeren Wirklichkeit wieder her, ungeachtet des Endes, das sie nimmt. Krankheit ist weder Strafe noch Schwäche, sie ist ein *mutiger* Weg zur Selbsterkenntnis.

Unter unendlich vielen Möglichkeiten der Spiegelung ist Krankheit die existenziellste und damit die mutigste. In Eurer Welt, die allem Anschein zum Trotz von Lieblosigkeit und Mangel an Mitgefühl den Kranken gegenüber geprägt ist, stimmt dies in ganz besonderem Maße. Jede Medizin stößt so lange an ihre Grenzen und endet schließlich in der Sackgasse, wie sie die höchste aller Arzneien verleugnet.

Wie es im Grunde und in Wahrheit nur *eine* Krankheit geben kann, so kann es auch nur *ein* Heilmittel geben. Die Welt erkennt die Arznei nicht, weil sie die Ursache für Krankheit nicht versteht. Der einzig mögliche Krankheitsauslöser ist, in welcher Tarnung auch immer, der Mangel an Liebe in, für und durch sich selbst. Ein Mangel kann nur durch dasjenige behoben werden, was fehlt, alles andere kann nur Schattenboxen sein. Was wenn nicht Liebe könnte also heilen? Wenn Paracelsus auch – aus menschlicher Sicht der Dinge – recht hat mit der weisen Feststellung, Liebe sei die höchste Form der Arznei, so stimmt dies nur bedingt:

> *Liebe ist nicht nur die höchste Form der Arznei, sie ist die einzige.*

Die Umstände, die zu einer Erkrankung führen und erst recht zu einer schwerwiegenden, langwierigen oder lebensbedrohlichen, sind äußerst komplex und undurchsichtig. Wären sie es nicht, würde der Mensch nicht schwer erkranken. Krankheit ist eine ganz spezifische Weise, sich mit sich selbst und seinem Dasein auseinanderzusetzen.

Die Anfälligkeit für Krankheit ist Teil der karmischen Prägung, die der Mensch vor seiner Inkarnation festlegt. Ein

Mensch erkrankt also leichter und schneller als ein anderer, der sich seinen Herausforderungen in anderer Weise stellen mag. Die Weisheit der Seele ist vollkommen. Immer und ausnahmslos hat sie beste Gründe, sich im jeweiligen Leben für das Krankheitsthema zu entscheiden. Niemals leidet ein Mensch vergeblich und so ist das qualvollste Leben nicht selten das erfolgreichste.

> *Nie lernt der Mensch die Lektion bedingungsloser Liebe zum Selbst so sehr wie im Angesicht seiner scheinbaren Unvollkommenheit.*

Nie beschenkt ein Mensch seine Mitmenschen mit einer solchen Fülle von Liebeschancen, als wenn er erkrankt.

Alles ist Spiegelung, Resonanz, die in alle Richtungen gleichermaßen stimmig ist: Nie erkrankt ein Mensch nur für sich allein, denn niemand wird ›zufällig‹ mit einem kranken Mitmenschen konfrontiert. Die karmische Abmachung wird von allen Beteiligten gleichermaßen getroffen, zum höchsten Wohle aller. Wo es einen Gebenden und einen Nehmenden gibt, sind die Dinge nicht immer das, was sie scheinen. Niemals kann es ein größeres Geschenk geben als eine Liebeschance. Die menschliche Biologie ist wahrhaft heilig, und zwar nicht obwohl, sondern *weil* sie zerbrechlich ist.

Immer geht es darum, sich selbst anzunehmen und zu lieben in seinem So-Sein. Wer von Krankheit genesen will, der muss sie annehmen. In der Akzeptanz der Krankheit liegt die Akzeptanz des Selbst, so wie es im Hier und Jetzt *ist*. Nur von dort ausgehend kann Genesung stattfinden, denn die Ablehnung des Selbst hat immer und ausnahmslos zur Erkrankung geführt.

Die *Annahme* der Krankheit ist ihr *Loslassen*. Was losgelassen wird, wird nicht länger bekämpft, sondern akzeptiert, wie es ist. Somit sind Annehmen und Loslassen ein und dasselbe. Wer die Krankheit annimmt, nimmt sich selbst an. Auflehnung gegen das Schicksal ist immer Auflehnung gegen sich selbst. Die Entscheidung zum Loslassen ist die Entscheidung zur Selbstliebe und ebnet der Heilung den Weg.

Jedem kranken Menschen gebühren Ehre und Respekt. Da alles eins ist, macht niemals ein Mensch eine Erfahrung nur für sich allein. Der Wachstumsprozess, den das Durchleben einer Krankheit mit sich bringt, ist ein Geschenk für jeden. Niemand erkrankt für sich allein und niemand findet Heilung für sich allein. In alten Kulturen waren die Menschen weise genug zu erkennen, dass es von einem Genesenen viel zu lernen gibt.

Die Krankheiten, die zum Tode führen, sind naturgemäß die von Euch am meisten gefürchteten. Die Angst vor dem Tode ist Teil Eurer karmischen Prägung und nicht ein Mensch wandelt auf Erden, der von dieser Geburtsprägung ausgenommen wäre. Doch Menschen sterben, weil sie es *wollen*. Krankheit ist lediglich eines von vielen Mitteln und Umständen, die diesem Zweck dienen können. Der freie Wille des Menschen ist unantastbar, weil Gott in ihm unantastbar ist. Keine Medizin wird Gott in Euch jemals überlisten können: Wer ist da, der Gott befehlen könnte?

Der Tod ist nicht die Kapitulation Gottes vor der Krankheit. Der Tod ist die Kapitulation des Ego vor der grenzenlosen, göttlichen Allmacht der Liebe.

Jede Krankheit der Welt endet, wenn sie ihren Zweck erfüllt hat. Sie endet in der Genesung oder im Tod. Doch ob sie im Tode oder in der Genesung endet – sie endet *immer* mit *Heilung*. Gott ist Gnade und in Ihm sind Scheitern und Zerstörung ewig unmöglich. Sterben ist nicht Versagen, sondern Erlösung.

»Werkzeuge der Seele sind die Leiber
der Menschen. Wenn die Seele befiehlt,
gehorcht der Leib und sie bedient sich seiner,
wozu sie will.«
Origenes

25. Ein-Sicht

Vom Himmel hoch, da komm ich her

Die frühen Jahre des Lebens – Wenn ein Engel sich die Flügel stutzt

Meine liebe Freundin, mein lieber Freund, Ihr alle habt das Leben in dieser Welt als Kind begonnen. Die erste Zeit Eures Lebens ist immer die schwierigste. Selbst unter denkbar günstigen Umständen durchlebt ein Kind eine enorme Anzahl von Konflikt- und damit Stresssituationen. Bevor Ihr erwachsen werdet, müsst Ihr die Welt mit einem Kinderherzen durchleben, durchleiden und erfahren.

Nun, so wenig spektakulär diese selbstverständliche Tatsache auf den ersten Blick auch scheinen mag, so groß ist sie in ihrer Tragweite und so bedeutsam für Euren Blick auf Euch selbst und Eure Kinder. Eure psychologischen und pädagogischen Überzeugungsmodelle, so verschieden sie auch sein mögen in ihren Denkansätzen, sind sich alle einig in dem Punkt, dass das Kind, verglichen mit dem erwachsenen Menschen, in besonderer Weise verletzlich, beeinflussbar und aufnahmefähig ist. Ihr alle erkennt, dass die Kindheit des Menschen in ganz spezifischer Form belastbar und somit prägend für das ganze weitere Leben des Menschen ist.

Nun, dem ist wirklich so und wenn Ihr auch die Dinge in rechter Weise erkannt habt, so habt Ihr doch wenig in Bezug auf die Gründe dafür entdeckt. Wie solltet Ihr auch? Weil Ihr nicht wisst, *was* ein Kind ist, könnt Ihr auch nicht erkennen, auf welchem Boden die Wurzel der Kindheitsproblematik wächst.

Jeder Kinderseele, die in den irdisch-materiellen Ausdruck eintritt, wohnt ein Engel inne, ein Engel, der sich die Flügel stutzt. Nichts anderes ist der Einstieg in die Dualität. Darauf gründet die Heiligkeit des menschlichen Lebens, jedes Lebens! Von dieser Regel gibt es keine Ausnahme, denn sie ist von Gott begründet und was aus der Absolutheit

Gottes ist, kennt keine Ausnahme. Die freiwillige, bewusst gewählte Aufgabe des Gewahrseins dessen, was Du wirklich bist, zum Zwecke der Erfahrung von Illusion ist das, was Euer aller Leben heiligt und ihm seine Würde und Größe verleiht.

Der Mensch ist heilig, und zwar nicht obwohl, sondern weil er in Dunkelheit und Unkenntnis lebt.

Das Universum liegt Euch in Ehrerbietung zu Füßen, denn unendlich viel Liebe ist da, wo das Licht willentlich und bewusst zugunsten der Dunkelheit aufgegeben wird. Wir werden nimmer müde, die Größe der Liebe zu betonen und zu ehren, die diesem Prozess vorausgeht. In der Tatsache, dass Ihr Euch dessen nicht gewahr seid, liegt die Heiligkeit.

Die wirkliche Erfahrung der Dunkelheit als *Realität* ist Voraussetzung dafür, dass ihr illusionärer Charakter erkannt werden kann. Anders ausgedrückt: Das Spiel des Lebens wäre sinnlos, wenn Ihr es als Spiel erkennen würdet. Tatsächlich erübrigt es sich, wenn es als das erkannt ist, was es ist. Eine Illusion erübrigt sich und hat ihren Zweck dann erfüllt, wenn sie als solche erkannt ist. Wo Illusion erkannt ist, löst sie sich auf.

Mein lieber Freund, meine liebe Freundin, ein Ausdruck von Heiligkeit in unermesslicher Liebe: Das ist, was das irdische Leben ist. Nichts weniger als das ist es. Weil Euch das Gewahrsein dieser Wahrheit verborgen ist, könnt Ihr auch nicht erkennen, was es mit der Kindheit auf sich hat.

Die Kindheit als solche ist erst einmal ein Schock. Sie ist der Schock dessen, der sich, an das Licht gewöhnt, plötzlich in völliger Dunkelheit wiederfindet. An das strahlende und wärmende Licht seiner Heimat gewöhnt, muss sich die kindliche Seele in der Dunkelheit und Kälte der neuen Umgebung zurechtfinden. All das, was sie ist, was offenbar und sicher war, liegt nun ganz tief im Inneren verborgen.

Die außerhalb der Dualität vollkommen offenbare, göttliche Identität stellt sich in den Hintergrund des Sichtfeldes und macht der menschlichen Persönlichkeit Platz. Bildlich gesprochen: Gott geht einen Schritt zur Seite für das Ego, das auf die Bühne tritt. Das Göttliche tut dies mit großer Freude, weiß es doch, dass die Illusion dennoch immer bleibt, was sie ist. Da Gott sich seiner selbst vollkommen bewusst ist, fürchtet Er keine Illusion, ermöglicht Er sie doch selbst, seinem heiligen Zweck zu dienen. Nichts ist so absurd wie die Annahme, dass jemals etwas gegen göttlichen Willen verstoßen könnte. Wir erinnern uns: »*Nichts Wirkliches kann bedroht werden*«[7].

Der Engel, der seine Flügel stutzt, bleibt dennoch, was er ist. Doch nun ist er sich dessen nicht mehr bewusst. Seine wirkliche Identität ist auf ewig sicher und kann niemals eine andere sein. Die Dinge werden nicht weniger, was sie sind, wenn sie sich nicht als solche erkennen. Wahrheit bleibt ewig Wahrheit, so wie Alles-was-Ist ewig Er selbst bleibt.

Die Kindheit ist deshalb so schwierig, weil sie eine Zeit immenser Belastung ist, denn in dieser Zeit lädt der Mensch sich das Gepäck für sein ganzes Leben auf. Wo vorher vollkommene Unbeschwertheit herrschte, die der natürliche Seinszustand ist, wird nun eine Last nach der anderen auf sich genommen.

In der Kindheit packt der Mensch den Rucksack für seine Lebensreise. Was er sich ins Gepäck holt, entspricht seiner karmischen Prägung. Der Mensch hat sich sozusagen im Vorfeld der Inkarnation, als er, gemeinsam mit seinen Mitreisenden, die Vorbereitungen für seine Lebensreise traf, eine ›Gepäckliste‹ erstellt. Nun, diese Gepäckliste, die in bedingungsloser Liebe und grenzenloser Weisheit zusammengestellt wird, dient immer und ausnahmslos dem höchsten und heiligsten Interesse des Menschen.

In Anbetracht des immensen Leidensdrucks, der auf der Welt im Allgemeinen und auf Kindern im Besonderen lastet, mag dies für Euch nur schwerlich zu akzeptieren sein. Von der dualen Wahrnehmungsebene aus betrachtet ist es nur schwer erträglich und mag wie blanker Hohn klingen. Und dennoch ist es so, denn wahr bleibt, was wahr ist. Gott gibt sich selbst immer nur Geschenke und vor der Inkarnation seid Ihr Euch dessen vollkommen bewusst, denn Ihr nehmt sie freudig an.

Wenn ein Mensch inkarniert, dann weiß er, was er tut. Immer und ausnahmslos. Ihr wisst, was Euch erwartet, weil Ihr es Euch selbst aussucht. In großer Weisheit und Vorfreude sind die notwendigen Vereinbarungen getroffen und im Lichte der göttlichen Weisheit ist Irrtum niemals möglich. Das Kind sucht sich also seine Gepäckstücke aus, die es im Verlauf seiner Lebensreise brauchen will. Immer sind sie in vollkommener Weise bereitgestellt. Jede einzelne Kindheitserfahrung, ob ›positiv‹ oder ›negativ‹, ist Teil dieses Gepäcks. Jedes Erlebnis dient vollkommen dem Zweck, zu dem es erschaffen wurde.

Im weiteren Verlauf des Lebens, wenn das Kind zum jungen Menschen und zum Erwachsenen heranwächst, wird er mit diesem Gepäck ›arbeiten‹. Es steht ihm vollkommen frei, damit zu tun und zu unterlassen, was immer er will. Da, wo es ihm zum Ballast wird, ist er aufgefordert, es abzuwerfen. Das Leben wird ihn immer wieder in Situationen bringen und Gelegenheiten bieten, dies zu tun. Jedes Mal, wenn er sich entscheidet, den Ballast einen weiteren Teil seiner Wegstrecke mitzuschleppen, wird er ihn weiterhin begleiten, bis er sich seiner Möglichkeit bewusst wird, ihn abzuwerfen. Der freie Wille des Menschen ist ewig unantastbar.

Nun, meine liebe Freundin, mein lieber Freund, wir haben mehrmals festgestellt, dass die Dinge in dieser Welt nicht immer sind, was sie scheinen – und in der Tat, sind sie es nur selten. Oftmals erwächst der größte Segen dort, wo es am wenigsten offensichtlich ist. Dem Menschen fehlt die übergeordnete Sichtposition und er kann den Sinn und Zweck und damit den Wert eines Sachverhaltes kaum beurteilen, wenn ihm die Einsicht in das angestrebte Ziel fehlt. So sicher aber das Ziel – Liebe – immer und ewig das einzige und dasselbe bleibt, so verschieden sind doch die Wege, es zu erreichen. Die Erkenntnis der wirklichen Identität kann nur *durch* Liebe erreicht werden, da sie die wirkliche Identität *ist*. Zu diesem Zwecke geht der Mensch in die Dunkelheit der Illusion und erfährt, was ›Nicht-Liebe‹ ist.

Jedes Menschenleben ist ein Unikat, ein Kunstwerk Gottes, wie es einmaliger und schöner nicht sein kann. In der Kindheit werden die Farben gemischt und jeder Mensch, der mit einem Kind – und auch mit dem Kind *in sich selbst* – in Berührung kommt, steht einem großen Wesen gegenüber.

Jeder Begegnung mit einem Kinde wohnt die Herausforderung inne, den heiligen Engel in ihm zu sehen und zu ehren.

Es ist das Aufbürden des Lebensgepäcks, das die Kindheit zu einer ehrwürdigen Zeit macht, und kein Kind kann Dir jemals begegnen, das nicht dabei wäre, dies zu tun. Ein Kind ist für Liebe so empfänglich und dankbar, weil nur sie ihm helfen kann, dieses Gepäck zu tragen und im Verlaufe des Lebens abzuwerfen. Liebe macht alles leicht.

Je mehr der Mensch im Verlauf seines Lebens zur Selbstliebe erwacht, umso weniger Gepäck wird er auf seiner Reise brauchen. Er wird es als das erkennen, was es ist: illusionärer Ballast. Liebe bewirkt den Abwurf *jeder* Last. Und so erwacht der Mensch zur Erkenntnis dessen, was er ist, und erkennt sich wieder als den Engel, der er schon immer war und ewig sein wird. Das ist Sinn und Zweck jeder Lebensreise: *Sowie Euch auf Erden Flügel wachsen, seid Ihr wieder im Himmel.*

»Die Aufgabe der Erziehung ist nicht,
das Kind zu verbessern,
sondern vielmehr,
es nicht zu verderben.«
Regulus

26. Ein-Sicht

Des Wahnsinns fette Beute

Das Phantom der Angst – Warum Furcht und Irrtum dasselbe sind

Mein lieber Freund, meine liebe Freundin, der einzige Feind, den Du Dir auf dem Weg zur Erkenntnis Deiner selbst in den Weg stellen kannst, ist Angst. Es gibt nichts anderes, was Dich behindern könnte, denn wo keine Angst ist, können nur noch Liebe und Frieden sein. Wo Liebe und Frieden sind, da bist Du in Deinem eigenen Zentrum, da bist Du mit Gott in Dir vereint.

Wo Liebe und Frieden sind, da bist Du zu Hause.

Wo Liebe und Frieden sind, erhebst Du Deine Schwingung in die göttliche Frequenz, verschmilzt mit ihr und erkennst Dich selbst als integraler, gültiger Teil der Gottesenergie.

Das Gottesbewusstsein kann nur als das wahre Selbst erkannt werden, wenn die Angst als eine Deiner wahren Natur unwürdige Illusion erkannt wird. In dem Maße, in dem der göttliche Schimmer im Menschen aufzuleuchten beginnt und er zum göttlichen Bewusstsein seiner Schöpferkraft erwacht, wird er sich allmählich seiner Wahlfreiheit bewusst.

Mit der Anerkennung Deiner Wahlfreiheit gibst Du Dir selbst Deine Dir zustehende Autorität zurück und bist nicht länger Opfer Deiner selbstgewählten Illusion der Machtlosigkeit. In diesem Erkennen wird Dir bewusst, dass Deine Ängste, Deine Dämonen, allesamt von Dir selbst erschaffen sind. In Deiner Berechtigung zur freien Wahl hast Du Dich dazu entschieden. Niemals konnte und kann etwas über Dich kommen, das Du nicht willst. Wenn Du dies immer noch glauben willst, verleugnest Du Deine Macht und damit Dich selbst. Und so ist dies, meine liebe Freundin, mein lieber Freund, die vielleicht wichtigste Botschaft dieser Aufzeichnungen für Dich:

Du erschaffst Deine Dämonen selbst.

Es steht Dir völlig frei zu sein, was Du sein willst. In jedem Augenblick Deines ewigen, heiligen Seins kannst Du wählen und Dich somit neu definieren und wahrnehmen. Wie immer Du Dich entscheidest, in jeder einzelnen Situation wird sich Deine göttliche Schöpferkraft in ihrer umfassenden Macht manifestieren und Dir Deine Wahl bestätigen. Du erlebst Dich selbst so, wie Du entscheidest, es zu tun. Deine Wahl wird sich Dir in jedem Falle unfehlbar als Realität darstellen. Mit jeder Entscheidung zur Angst, zur Verleugnung Deines göttlichen Erbes, hast Du Dir einen Dämon geschaffen.

Wenn Du Dich entscheidest, Dein wahres Erbe anzutreten, wirst Du der Versuchung des Ego nicht weiterhin erliegen wollen, Deine wahre Identität mit Angstenergie zu verschleiern. Im Zuge Deiner Selbsterweiterung wirst Du schließlich mehr und mehr jeden Anflug von Angst in Dir als unter Deiner Würde erkennen.

Angst ist die unerträglichste aller Emotionen, weil sie am weitesten von Deiner wahren Natur entfernt ist.

Es kann keine größere Entfremdung von Gott und damit von Dir selbst geben als im Zustand der Angst. Nur dies macht sie zum schmerzlichsten aller Gemütszustände. Die Tatsache allein, dass Angst schmerzvoll ist, beweist, dass sie nicht Teil Deiner wirklichen Natur ist. Du ›verdienst‹ Besseres, weil Du Besseres bist. Die Macht, alles zu sein, was Du sein willst, verleiht Dir die Fähigkeit, Dich mit Angstenergie zu identifizieren.

Wo Du Angst empfindest, bist Du Angst, wo Du Liebe empfindest, bist Du Liebe. Wenn Du Dich für Angst entscheidest, wird sich die von Dir geschaffene Energie in Deiner Außenwelt spiegeln und Dir vorgaukeln, sie sei berechtigt. Du wirst Dich als Opfer der Bedrohung wahrnehmen und nicht als ihr Schöpfer. Deine Außenwelt wird Dir, wertfrei und ›verursachergetreu‹, immer und unfehlbar Deine Schöpfung vor Augen führen und Deine Macht bezeugen. Doch Daseinsberechtigung hat nur der oder das, dem Du sie verleihst. Wo die Ursache verschwunden ist, kann es auch keine Wirkung geben.

Die gute Nachricht für Dich ist die, dass Deiner Schöpferkraft eine Grenze gesetzt ist: Du kannst Dich selbst als alles erkennen, was immer Dir beliebt. Doch diese einzige Grenze, die Dir gesetzt ist, ist die, dass Du niemals nicht Teil von Gott sein kannst. Du kannst niemals wirklich sein, was Du nicht bist. Also kannst Du niemals aufhören zu sein, was Du wirklich bist. Wahrheit und Illusion bleiben ewig, was sie sind. Du hast nicht die Wahl, etwas anderes zu sein, Du hast lediglich die Wahlfreiheit der Wahrnehmung Deiner selbst. Der illusionäre Charakter der Angst, jenseits Deiner göttlichen Wirklichkeit, beweist sich in der Tatsache, dass Angst Schmerz und Leid verursacht. Angst ist Schmerz und Leid und nur Du entscheidest, wie tief Du in die Illusion über Dich selbst hineinsteigen willst.

Nun, was kannst Du also tun, wenn Dich die Furcht erneut scheinbar von außerhalb angreift?

Dämonen können Dich nur dann verletzen, wenn Du ihnen die Macht dazu verleihst. Du verleihst ihnen Macht, wenn Du Dich entscheidest, sie als Realität anzuerkennen und ihnen dadurch huldigst. Du erschaffst sie und verleihst ihnen die Macht, Dich in Deiner gottgegebenen Integrität zu verletzen. Aus sich selbst heraus kann ein Dämon nicht existieren, da er keine reale Substanz hat, ein Dämon hat keinen Wirklichkeitsgehalt, da er aus der Illusion geboren ist. Indem Du ihn als das enttarnst, was er ist – nichts als ein eingebildeter Schatten über Deiner göttlichen Identität –, nimmst Du ihm die emotionale Stoßkraft.

Das Schlimmste, das Du einem Dämon antun kannst, ist, ihn infrage zu stellen.

Dämonen haben nur Gültigkeit, wenn Du sie ihnen gibst, und es steht Dir jederzeit frei, Dich auf Dich selbst zu besinnen. Alsdann lösen sie sich so schnell in Luft auf, wie Du sie erschaffen und ihnen Bewusstsein, Dein Bewusstsein, eingehaucht hast. Dämonische Energie erlischt im Lichte göttlicher Liebesenergie.

In Deiner göttlichen Heimat, Deinem inneren Zentrum, kann niemals Platz für Illusion sein. In das Licht der ewig gültigen Wahrheit kann Irrtum niemals eindringen. Wenn Du in des Dämons schauerliche Fratze siehst, Deiner Angst mutig ins Auge blickst, reißt Du seine Tarnung herunter: Jeder Dämon trägt unter seiner Maske die Verzerrung Deines Gesichtes. Ungetarnt erkennst Du ihn als das, was er ist und ewig war: nichts als ein substanzloser Irrtum über Dich selbst. In Deiner Fehlwahrnehmung hast Du die Angst selbst zu einem Götzen erhoben. Ihr huldigt dem, was Ihr fürchtet, und vor allem huldigt Ihr der Furcht selbst.

Indem Du Deine Dämonen zur Realität erlebst und ihnen durch Deine Entscheidung erst die Macht verleihst, die Du doch fürchtest, fütterst Du sie mit Energie. Du stattest sie mit Bewusstsein aus, wie Du alles mit Bewusstsein ausstattet, was Du erschaffst. Denken ist Erschaffen, Fühlen ist Erschaffen. Deine Dämonen sind Teil von Dir. Es gibt keinen Dämon im Außen. Dämonen sind Bewusstsein von Deinem Bewusstsein.

Wenn Du Dich für Angst entscheidest, erschaffst Du einen Dämon. In Gott, in Deinem Höheren Selbst, kann ein Konzept der Angst niemals bestehen und so beziehen die Dämonen die Essenz ihres Seins immer und ausnahmslos aus dem Ego. Hier liegt der fundamentale und einzig bedeutungsvolle Unterschied zur Liebesenergie: Ihr Sein entspringt immer und ausnahmslos dem Göttlichen in Dir:

Liebe ist Wahrheit über Dich selbst, Dämonen sind Irrtum über Dich selbst.

Somit sind Dämonen immer Fehlschöpfungen, denn sie entstammen nicht Deiner wahren Gottesnatur. Niemals wird ein Dämon übergeordnete Wirklichkeit erlangen, nur in Deiner Illusion kann er existieren. Niemals wird ein Dämon eine andere Daseinsberechtigung haben, als Dir die Möglichkeit zur Erkenntnis Deines Gottesbewusstseins zu geben. Alsdann ist er enttarnt, Du hast ihn als Fehlschöpfung wahrgenommen und ihn dadurch in seiner Macht empfindlich geschwächt. Du hast ihn infrage gestellt und damit auch seinen Platz auf Deinem inneren Thron, der nur der Liebe gebührt. Die endgültige Überwindung, die es zu bewerkstelligen gilt, kannst Du nun dem Schöpfer der Wahrheit in Dir überantworten. Du kannst ihn Gott in Dir überantworten, Deinem ewigen Ratgeber. Die Liebe zu dem, was Du bist, die Liebe des Höheren Selbst führt Dich zur Quelle Deiner Macht. Dämonen erschaudern vor Gott in Dir, denn Er erkennt sie als das, was sie sind.

Wenn Du dem Dämon den Platz auf dem Thron, den Du selbst ihm zugewiesen hast, streitig machst, wird er sich dort nicht mehr lange halten können. Sowie Dir bewusst wird, sowie Du fühlst, dass keinem Dämon dieser Platz in Dir gebührt, muss er das Feld räumen. Bedenke, dass Du selbst sein Schöpfer bist und alle Macht über ihn hast.

Kein Dämon hat jemals Macht aus sich selbst heraus. Ein Dämon hat nur so viel Macht, wie Du ihm verleihst.

Alles ist Energie. Alle Energie kommt von Gott. Du hast Dich entschieden, Deine gottgegebene Schöpferkraft, die Energie, mit der Gott Dein Sein nährt, in Gestalt eines Dämons in Erscheinung zu rufen. Gottes Energie ist unbegrenzt, unermesslich, unendlich. Immer dann, wenn Du einen Dämon erschaffst, ›missbrauchst‹ Du die göttliche Schöpferenergie in Unkenntnis dessen, was Du wirklich bist. Nun, kraft Deiner gottgegebenen Freiheit hast Du Deinen Irrtum erkannt. Du kannst diese Energie nicht wieder

›rückgängig‹ machen, niemand kann Energie zerstören, da sie von Gott kommt und Teil Gottes ist. Energie ist so ewig wie der Schöpfer selbst. Du kannst sie nicht zerstören, aber Du kannst sie umwandeln, Du kannst sie transformieren. Kraft der Dir geschenkten Freiheit des Willens kannst Du sie unbegrenzt nutzen und in jeder Dir beliebigen Form in Erscheinung treten lassen.

Energie kann nicht zerstört, aber sie kann umgewandelt werden.

In dem großartigen Augenblick, in dem Du von Deiner Macht und Kraft Gebrauch machst und eine Angstenergie in Liebesenergie umwandelst, gibt es keinen Dämon mehr. Die erlöste Energie ist wiedergeboren als ein integrierter, erkannter Teil Gottes in Dir.

Nun, meine liebe Freundin, mein lieber Freund, wie kannst Du dies tun? Wie kannst Du Angst in Liebe transformieren?

Indem Du es willst! Indem Du es tust! Indem Du Dich gegen die Angst entscheidest! Indem Du sie als unter der Würde eines Gotteskindes erkennst und sie nicht mehr haben willst! Du verwandelst Angstenergie, indem Du Dich auf Dich selbst besinnst, auf Dein Höheres Selbst, und Deiner wahren Natur vertraust. Besinne Dich auf Deine Entscheidungsfreiheit, auf Deine Macht. Besinne Dich auf die Macht und Kraft Deiner Gedanken und Gefühle und wähle erneut, was Du fühlen willst.

Wähle erneut und entscheide Dich für die Wahrheit über Dich. Wähle erneut und entscheide Dich für die Liebe zu Dir selbst. Wähle erneut und entscheide Dich gegen den Schmerz der Angst. So Du die machtvolle Absicht hegst, Dich gegen den Irrtum über Dich zu entscheiden, werden Dir wertvolle Hilfen zuteil. Willst Du einen Feind besiegen, so ist es von großem Vorteil, seine Strategie zu kennen:

Der mächtigste Verbündete der Angst ist der Zweifel.

Ein Mensch auf der Suche nach sich selbst kann niemals allein und ohne Hilfe sein. Dein mächtigster Verbündeter im Kampf gegen Dämonen ist Vertrauen. Es kann immer nur dort Angst geben, wo Liebe vom und zum Selbst nicht wahrgenommen wird, da Angst die schwerwiegendste Form der Selbstverletzung ist. Mehr noch: Sie ist die einzig mögliche. Vertrauen in die göttliche Liebesessenz, die Deiner wahren Natur entspricht, ist unerlässliche Bedingung für ihre Erkenntnis.

Wenn Du Dir selbst nicht vertraust, kannst Du Dich selbst nicht erkennen, denn es ist vollkommen unmöglich, Dich gegen Deinen Willen zu erkennen. ›Liebe‹ und ›Du‹ sind zwei verschiedene Worte für ein und dieselbe Essenz. So Du Dir ihrer Allgegenwart und ihrer unbegrenzten Verfügbarkeit bewusst bist, wirst Du den Dämon nicht mehr dulden und mit dem Verrat an Deiner Wirklichkeit erhalten wollen. Du wirst den Dämon ›Angst‹ nicht mehr mit Energie füttern und bestärken wollen. Sowie er in Erscheinung tritt, wird seine Terrorherrschaft Dir unerträglich sein und Du wirst ihn im Keime ersticken. Immer mehr wirst Du schließlich seinen Anfängen wehren. Dämonen sind immer besiegbar, weil Liebe immer und überall ist.

Mein lieber Freund, meine liebe Freundin, mit dieser Erkenntnis gibst Du Dir den entscheidenden Schlüssel für den Umgang mit einem Dämon: Würdest Du mit einer Illusion, einem Irrtum diskutieren? Würdest Du mit einer Illusion, einem Irrtum in einen Machtkampf treten? Erkennst Du die Sinnlosigkeit dieser Wahl? Kommt es Dir in den Sinn, mit ›etwas‹ zu diskutieren, von dem Du weißt, dass es gar nicht wirklich ist? Anders als die Liebe hat Angst keine wirkliche Substanz, sie ist eine Seifenblase.

> *Warum diskutierst Du mit einer Seifenblase, wenn sie Dich quält, wo Du doch die Wahl hast, sie einfach zum Platzen zu bringen? So höre: Diskutiere NIE mit einem Dämon!*

Vergiss nie, wer Du bist, erkenne Deine göttliche Macht: Wenn Du mit einem Dämon diskutierst, erkennst Du ihn an. Du erkennst seine ›Wirklichkeit‹ an. Du selbst bist es, der ihm Macht verleiht und seine Daseinsberechtigung in Stein meißelt. Durch Deine Anerkennung verleihst Du ihm Realität. Weil die Diskussion mit einem Dämon Deine Anerkennung seines Seins bedeutet und bestätigt, wird jede Kommunikation mit ihm unweigerlich zu einem Machtkampf führen, den Du kaum gewinnen kannst. Je mehr Du Dich auf einen Dämon einlässt, desto mächtiger wird er, denn Du verleihst ihm scheinbare Wirklichkeit, Kraft und Macht. Es sind Kraft und Macht von Deiner Kraft und Macht. Woher sonst könnte er sie beziehen? Du bekämpfst und verletzt Dich selbst und willst es nicht erkennen: *Der Rückzug in die Angst ist die machtvollste Aggression gegen Dich selbst.*

27. Ein-Sicht

Walt Disneys »Der König der Löwen«

(USA 1993)

Was Simba mit Dir zu tun hat
Eine spirituelle Analyse

Mein lieber Freund, meine liebe Freundin, zum Abschluss unserer Durchsagen, die Dir Wegweiser auf Deinem Weg zurück in unser aller ewige Heimat sein mögen, möchten wir uns gemeinsam auf eine Fantasiereise in die schöne Welt der bewegten bunten Bilder machen.

Die anrührende Geschichte des kleinen Löwen Simba ist von außerordentlicher Symbolkraft. Von Wahrheit inspiriert, ist seine Geschichte auch die *Deine*, denn wenn wir vom Göttlichen sprechen, ist Wahrheit nur dann Wahrheit, wenn sie allgemeine Gültigkeit hat. Um nichts Geringeres als um die Erkenntnis der göttlichen Identität geht es für den tapferen kleinen Löwen. Und um nichts Geringeres geht es für Dich.

Eurer Symbolik entsprechend ist der Löwe in der Tierwelt der König, erhabener und Ehrfurcht gebietender als alle anderen Tiere, und so steht er in der Geschichte für den Menschen. Der kleine Simba wächst glücklich und wohlbehütet auf. Er lebt in einer wundervollen Welt voller Liebe, Fülle und Geborgenheit. Unter der liebevollen Führung und dem Schutz seines Vaters, des Königs Mufasa, gibt es nichts, das sein Glück trüben könnte.

Diese wahrhaft glückliche Zeit, die die *bewusste* Einheit mit der göttlichen Allmacht symbolisiert, ist geprägt von dem Wissen des kleinen Simba um seine Sohnschaft und damit um seine große, ehrwürdige Abstammung. Er weiß um sich selbst, *erkennt* sich als Sohn eines allmächtigen, vollkommenen Vaters, der seine Schutzbefohlenen mit grenzenloser Weisheit und Liebe führt und all ihre Geschicke lenkt. So verschieden all seine Untergebenen auch sein mögen, so ist doch jeder ganz er selbst und erkennt sich als Teil einer großen Einheit, die zum Wohle aller in Frieden und Harmonie zusammen lebt. Unter der Führung Mufasas ist die individuelle Werterfüllung eines jeden gewährleistet und so huldigt ihm sein Volk in Anerkennung und Ehrfurcht.

Nun, der paradiesische Zustand nimmt ein jähes Ende, als Scar auf den Plan tritt. Der eifersüchtige und hinterlistige Bruder Mufasas missgönnt ihm die Macht und versucht sie, mit allen Mitteln an sich zu reißen. Der dunkle Bruder des Herrschers symbolisiert in vollkommener Weise den Wahn des menschlichen Ego, denn beide, besessen vom Machtrausch, sind zutiefst davon überzeugt, dass ein Leben ohne die Herrschaft der einzig wahren Autorität möglich ist. So tötet Scar Mufasa in blindem Hass. Der Mord an Mufasa ist die symbolische Darstellung der Trennung, des sogenannten ›Sündenfalls‹, und damit des Einstiegs in die Illusion.

Der kleine Simba muss nunmehr *scheinbar* ohne den geliebten Vater weiterleben. Schlimmer noch, in Fehleinschätzung der wahren Situation und durch den *Verlust* der *bewussten* Wahrnehmung seines göttlichen Vaters fühlt Simba tiefe *Schuld.* Scar heuchelt Simba die Schuld am Tode seines Vaters vor und so ist Simba zutiefst überzeugt von *seiner* Schandtat am geliebten Vater. Sich selbst nicht mehr erkennend, an sich zweifelnd, irrt er durch ein scheinbar verlorenes Paradies, das sich nunmehr unter Scars Schreckensherrschaft beugen muss. Die Furcht einflößenden Hyänen sind die Lakaien des Tyrannen, der, ganz wie das Ego, nichts anderes als *Angst* aufzubieten hat, um seine Schreckensherrschaft zu festigen und zu sichern.

So wie die berüchtigten Hyänen sich von Aas, von Leblosem, ernähren, so nähren sich die menschlichen Ängste allesamt von Illusionen, die jeder Wirklichkeit entbehren. Scar, in der Überzeugung lebend, dass die Schergen der Angst, seine Hyänen, Simba getötet haben, fühlt sich in seinem Herrschaftsanspruch nunmehr völlig sicher und unbedroht. Unter seiner Tyrannei herrschen alsdann nur noch *Mangel*, Angst, Elend und Not.

Das ganze Sein des Ego beruht auf der wahnhaften und völlig absurden Illusion der Bezwingbarkeit des Göttlichen. Es ist bezeichnend, dass Scar es in dieser Zeit schafft, Zazu gefangen zu nehmen. Zazu, der redselige Berater König Mufasas, dem seit Simbas Kindertagen der Auftrag obliegt, ihn zu begleiten und zu beschützen, symbolisiert die Geistführer des Menschen, die ihm zugeteilt sind, um ihn ein Leben lang begleiten und ihm allzeit hilfreich zur Seite stehen. Die Gefangennahme Zazus ist nur auf den ersten Blick befremdlich, verdeutlicht sie doch die Tatsache, dass die Geistführer des Menschen immer nur in dem Maße offen in Erscheinung und in Aktion treten können, in dem sie und damit die göttliche Identität des Menschen Anerkennung finden. So gebietet es die uneingeschränkte Willensfreiheit des Menschen und somit kann auch nur die Korrektur von Simbas Selbstwahrnehmung zu Zazus Befreiung führen. Die ausgeprägte ›Vermenschlichung‹ von Zazus Charakter ist humorvoller und weiser symbolischer Fingerzeig auf die Nähe der Geistführer zu den Menschen.

Simba, der scheinbar einsam und verlassen durch die Welt irren muss, fühlt sich unwürdig und entsinnt sich schließlich nicht mehr seiner wahren Identität und Abstammung. So vergisst er in seinem Schuldwahn die Tatsache seiner rechtmäßigen Anwartschaft auf den Thron, der doch nur ihm zustehen kann. Auf der Suche nach *Verdrängung* der Wahrheit über sich selbst gleitet er immer tiefer in das Vergessen. Auf seiner Lebensreise ist er dennoch nicht allein, denn er findet Freunde, die ihm das Überleben erleichtern. Ihre liebevolle Begleitung entschärft die Bitterkeit seines kummervollen Weges. Aufgrund ihrer liebevollen Gefühle und obwohl sie ihm die falsche Nahrung anbieten, sind Timon und Pumbaa wertvolle Hilfen auf Simbas Reise zurück zu sich selbst. In Unkenntnis seiner wahren Natur können sie seine Bedürfnisse nicht realistisch einschätzen.

So wie kein Mensch seinen Lebensweg jemals ganz und gar auf sich allein gestellt bewältigen muss, sind auch Simbas Freunde ihm trotz aller charakterlichen Unterschiede in tiefem Gefühl verbunden. Und genauso, wie die Freunde untereinander ihrer wahren Natur nicht gewahr sind, so seid auch Ihr es nicht.

Doch schlussendlich kann es nur bei Simba selbst liegen, die Wahrheit über sich zu erkennen, steht ihm die *Wahl* der Wahrnehmung seiner selbst doch allzeit vollkommen frei. Rafiki, der treu ergebene Medizinmann König Mufasas, erteilt Simba entscheidende Hinweise auf seine Herkunft, ist er sich Simbas Identität doch allzeit bewusst geblieben und bestrebt, dass Simba seinen rechtmäßigen Platz einnehmen und sein königliches Erbe antreten möge.

Rafiki, die symbolisierte Weisheit, die nur sporadisch offen in Erscheinung tritt, ist die Personifizierung des Höheren Selbst und damit der Instanz im Menschen, die sich seiner göttlichen Identität ewig und unter allen Bedingungen vollkommen bewusst bleibt. Als Medizinmann steht er für das geheime, verborgene Wissen und die Erkenntnis großer Wahrheit. Im Gewahrsein der Wirklichkeit weiß er allzeit, was zu tun ist, so man sich vertrauensvoll seiner Obhut unterstellen will. In der Schlüsselszene der Geschichte ist es denn auch Rafiki, der Simba sein eigenes Spiegelbild im Wasser zeigt, das nur das *genaue Abbild* seines allmächtigen Vaters sein kann. In einer Vision, die dem Aufleuchten der Wahrheit in ihm folgt, erwacht Simba endlich zu der Erkenntnis der *ewigen Allgegenwart* seines göttlichen Vaters.

Nach langen Jahren der Verirrung ist schließlich der Augenblick, in dem er Naala, seiner Freundin aus glücklichen Kindertagen, wiederbegegnet, der Zeitpunkt der großen Wende. Was, wenn nicht das Bewusstsein der Liebe, könnte je Erlösung bringen? Jetzt, in der Verbindung der Liebesanziehung, symbolisiert durch die partnerschaftliche Liebe, mit der dämmernden Erkenntnis seiner selbst, kann er sich dem drängenden Bewusstsein seiner Erinnerung nicht mehr entziehen.

Begleitet von der liebenden Naala und mit der beruhigenden Unterstützung seiner treuen Freunde findet Simba den Mut, die Rückreise in *sein* Königreich anzutreten. Dort angekommen und mit bereinigtem Blick *auf sich selbst,* kann er die Verwüstungen von Scars Schreckensherrschaft mit klarem Blick einschätzen.

Mit der ungetrübten Wahrnehmung seiner selbst erkennt er endlich seine *Schuldlosigkeit*, *die immer Wahrheit war*, und wird sich des wahren Feindes gänzlich klar und deutlich bewusst. Scar, das Ego, kann ihn nun nicht länger täuschen, da Simba sich selbst erkannt hat. Sowie Simba sich seiner Identität bewusst ist, weiß er um seine Unbesiegbarkeit und ist endlich völlig furchtlos. Und so kann er Scar, seinen Erzfeind, im abschließenden Kampf beinahe mühelos und ohne Angst besiegen.

Scars Machtlosigkeit tritt im Angesicht der Wahrheit vollkommen offen zutage und so fällt er schlussendlich *sei-*

nen eigenen Hyänen zum Opfer: Die Angst erleidet sich selbst und löst sich auf, als sei sie nie gewesen. Simba tritt seines Vaters vollkommenes Erbe an, das immer für ihn bereitet war, denn er hat sich endlich erlöst: Simba hat sich selbst nach Hause gebracht.

Bringe Dich selbst nach Hause!
Um Gottes willen und um deinetwegen.

»Wer Gott im Himmel sucht,
kann ihn nicht auf Erden finden.«
Regulus

Nachwort

Habe Geduld gegen alles Ungelöste in deinem Herzen und versuche, die Fragen selbst lieb zu haben, wie verschlossene Stuben und wie Bücher, die in einer sehr fremden Sprache geschrieben sind.

Forsche jetzt nicht nach den Antworten, die dir nicht gegeben werden können, weil du sie nicht leben kannst. Und es handelt sich darum, alles zu leben.

Lebe jetzt die Fragen. Vielleicht lebst du dann allmählich, eines fernen Tages, in die Antwort hinein.

Rainer Maria Rilke
(Aus einem Brief an Franz Xaver Kappus)

Über die Autorin

Bettina Büx, Jahrgang 1960, ist Mutter von vier erwachsenen Kindern und lebt im deutschsprachigen Grenzgebiet Ostbelgiens.

Bereits in jungen Jahren ›wusste‹ sie, dass es ihre Berufung ist, zu schreiben und Botschaften aus der geistigen Welt zu vermitteln. Ihr tiefstes Interesse galt schon von Kindesbeinen an den spirituellen Fragen und geistigen Hintergründen des Lebens.

Nach vielen Umwälzungen in ihrem Privatleben und während langer, schwerer Krankheit widmete sie sich schließlich ganz den grundsätzlichen Lebensfragen. Sie hat sich schließlich, wie sie es selbst formuliert, »im wahrsten Sinne des Wortes gesundgeschrieben«, denn im Zuge ihrer schriftstellerischen Arbeit mit der geistigen Welt ist sie wider Erwarten und zu ihrer großen Freude vollständig genesen. Die wundersame Wirkung der Mitteilungen tat das Ihre und so ist es ihr gleichermaßen Bedürfnis und Berufung, die Botschaften, die sie als Geschenk von höchster Ebene betrachtet, weiterzugeben und einem breiten Publikum zugänglich zu machen.

Quellenverzeichnis

[2] **3. Ein-Sicht S. 52:** *Ein Kurs in Wundern*, Greuthof Verlag u. Vertrieb GmbH, Gutach i. Br. 1994, ISBN 3-923662-18-1
[3] **4. Ein-Sicht S. 57:** dito
[4] **4. Ein-Sicht S. 60:** dito
[5] **7. Ein-Sicht S. 108:** dito
[6] **18. Ein-Sicht S. 210:** dito
[7] **25. Ein-Sicht S. 268:** dito

Zitate:
Das große Handbuch der Zitate von A bis Z, Bassermann Verlag in der Verlagsgruppe Random House GmbH, München 2004, ISBN 3-8094-1699-1

www.aphorismen.de

Band II der Regulus-Botschaften ist ein echter Problemlöser!

Angst ist irdische Erfahrungsrealität. Wie diese Botschaften aufzeigen, ist Angst nicht etwa einer von vielen Aspekten menschlicher Leiderfahrung, sondern der einzige. Alle Probleme, Leiden und Kümmernisse, die den Menschen auf seinem Lebensweg ereilen, sind letztlich auf Angst zurückzuführen.

Regulus beleuchtet die Mechanismen der Angst in ermutigend neuer Weise. Er zeigt Mittel und Wege auf, der auf Angst basierenden scheinbaren Endlosspirale sowie dem damit einhergehenden Leidensdruck Grenzen zu setzen und schließlich Einhalt zu gebieten. Dabei stellt er nicht nur die gängigen Inhalte unserer Ängste zur Diskussion, sondern vielmehr die Angst als solche infrage. Er durchleuchtet ihre Dynamik und erforscht ihre Folgen und Ziele. Die lösungsorientierte Analyse der Natur menschlicher Furchtsamkeit führt schließlich zur fundierten Untersuchung und Bestimmung hilfreicher Gegenmaßnahmen und Bewältigungsstrategien. Ambivalente Themen wie Geld oder schwierige Inhalte wie Sucht und Depression werden einfühlsam thematisiert.

Mit überzeugend konsequenter Logik entlarvt Regulus die Angst als den zerstörerischen emotionalen Gegenpol der Liebe schlechthin. Im Bewusstsein der Allgegenwart göttlicher Liebe ist der zersetzenden Macht der Angst jeglicher Nährboden entzogen.

Bettina Büx
Die REGULUS-Botschaften | Band II
Um Gottes willen und um deinetwegen
ISBN: 978-3-937883-93-9